高情商父母这样说

孩子自主又自律

朴学万卷 编著

人民邮电出版社

北京

图书在版编目（CIP）数据

高情商父母这样说：孩子自主又自律 / 朴学万卷编
著. -- 北京：人民邮电出版社，2024.5
ISBN 978-7-115-64076-5

Ⅰ．①高… Ⅱ．①朴… Ⅲ．①家庭教育 Ⅳ．①G78

中国国家版本馆CIP数据核字(2024)第071395号

内 容 提 要

　　如何与孩子聊天，孩子才愿意沟通？怎么鼓励孩子，孩子才更自信、阳光？孩子犯了错，如何批评才是有效的？本书正是为解答此类家长的困扰而生，我们探究如何通过充满关爱与智慧的对话，搭建亲子深度对话的桥梁，用爱与智慧引导孩子全面发展，共建亲子成长之路。

　　本书共分6章。第1章阐述了言语的力量，帮助家长意识到有效的沟通是打开孩子心扉的关键。第2到5章分别聚焦于4类育儿场景——日常生活、学习问题、社交能力、潜能发掘——提供了近50个具体的生活场景，分析了每个场景下沟通的基础方法，并提供了4到5个有效的沟通示例，通过积极的语言，增进家庭和谐氛围，帮助孩子提升诸如学习习惯养成、情绪管理、人际交往、时间管理等诸多方面。第6章，对前文内容进行了总结评述，帮助家长在案例实践后进一步思考，全方位指导家长如何通过高质量的亲子对话助力孩子全面发展。

　　本书不仅提供了诸多操作性强的沟通示例，更提供了一种关爱、理解和支持孩子全面成长的家庭氛围的实践方式，适合所有关心子女教育、致力于提升亲子关系质量的父母群体阅读。

　◆　编　　著　朴学万卷
　　　责任编辑　陈　晨
　　　责任印制　马振武

　◆　人民邮电出版社出版发行　　北京市丰台区成寿寺路 11 号
　　　邮编　100164　　电子邮件　315@ptpress.com.cn
　　　网址　https://www.ptpress.com.cn
　　　三河市祥达印刷包装有限公司印刷

　◆　开本：880×1230　1/32
　　　印张：4.875　　　　　　　　　2024 年 5 月第 1 版
　　　字数：206 千字　　　　　　　2024 年 5 月河北第 1 次印刷

定价：39.80 元

读者服务热线：(010)81055296　印装质量热线：(010)81055316
反盗版热线：(010)81055315
广告经营许可证：京东市监广登字 20170147 号

写在前面的话

当你翻开这本可爱的小书，你的育儿之路从此多了一个贴心的好帮手。这里不仅汇聚了育儿过程中的实用建议和心得，更是一个与你分享如何通过有效沟通，让育儿之旅变得更顺畅和愉快的温馨角落。

育儿，这个既美妙又复杂的过程，常常充满了不可预见的挑战和欢乐。每一位家长都会在孩子成长的道路上遇到各种不同的情景和问题，我们在这本书中尝试将日常生活的各种育儿场景进行了分类，例如"日常生活""学习问题""社交能力"和"潜能发掘"等。每一个部分都旨在帮助你更好地理解和应对与孩子的互动，解决育儿中的沟通问题。

在这本书里，我们特别强调了使用积极的语言来增强与孩子的连接。这些不仅是简单的言语，更是传递给孩子信任、鼓励和爱的重要途径。

当我们对孩子说"我相信你能做到"，我们不仅是在表达信任，也是在鼓励他们面对挑战和困难。

当我们说"你对我们很重要"，孩子感受到的是他们在家庭中的价值和被爱。

再比如，"我们永远支持你!"这句话给予孩子安全感和信心，让他们知道无论遇到什么情况，家长都是他们坚强的后盾。

相反，如果我们常用消极的语言，比如："你总是做错。"或"你看你又搞砸了。"可能会无意中伤害孩子的自尊心和自信。孩子可能会因此感到挫败，认为自己不被理解或不被支持。

如果改变说法，用积极的方式来表达，就会有不同的效果。比如，当孩子面对困难时，我们可以说："每个人都会犯错误，重要的是我们可以从中学到东西。"或者："你已经尝试了，这很棒，下一次你还可以做得更好。"

这种积极的语言不仅能鼓励孩子积极面对挑战，还能帮助他们建立解决问题的信心。孩子会感到被支持和鼓励，从而更愿意尝试新事物和接受新的挑战。

通过这样的积极引导，我们可以帮助孩子培养健康的自尊心和自信，让他们在成长过程中更加坚强和乐观。这也是本书所强调的核心思想。通过改变我们的言辞，我们可以改变孩子的心态和行为，与孩子共同创造一个充满爱和理解的家庭环境。

因此，在这本书里，我们尽量提供了积极的沟通示例，并详细说明了如何在日常生活中应用这些话语，帮助家长和孩子建立更深层次的沟通和理解。这样的沟通方式不仅有助于家长在育儿中更有效地传达爱和指导，同时也让孩子感受到家庭的温暖和支持。

这些积极的语言，加上实际生活中的应用示例，我们希望能帮助你在育儿旅程中找到更多的乐趣和满足感，共同创造一个充满爱和理解的家庭环境。无论你是有经验的家长还是初次为人父母，都可以在这本书中找到对育儿有益的信息和方法。

　　我们理解作为家长的你，有时可能会感到不知所措或者"压力山大"。毕竟，育儿是一项重要的工作，但也是一段充满挑战和成长的旅程。我想告诉你，放轻松，一切都会好起来的。我们不需要成为完美的家长，也不必严格按照书中的每一条建议去做。最重要的是找到适合自己和孩子的沟通方式，慢慢学习，一起成长。

目录

第3章 应对学习问题
家长这样说，提高孩子的学习兴趣 68

点亮孩子学习热情的语言 70

第1章
父母的沟通方式

影响孩子的一生

言语是与孩子心灵连接的桥梁。通过有效沟通，我们不仅帮助孩子自信地表达自己，也学会倾听和理解他们的需求。这个过程既是孩子思考和表达能力的成长之旅，也是我们作为家长自我提升的宝贵机会。这样的互动，充满了理解、尊重和爱，为我们的家庭带来和谐与成长。

家长是孩子 成 长 路上 的伙伴

育儿就如同一段充满爱与挑战的旅程，沟通就像是一把魔法钥匙，能够打开通往孩子内心世界的神秘大门，帮助我们深入了解孩子的小小心思和丰富感受。

除了传递信息，沟通还是构建我们与孩子之间情感联系的桥梁，良好的沟通让我们与孩子在情感上更加紧密相连。

通过日常的对话，我们可以与孩子建立起坚实的信任关系，成为他们的引导者、伙伴和支持者。

★ 建立日常的沟通桥梁

日常的交流是连接我们和孩子心灵的桥梁。就像简单的问候便能打开孩子与我们分享他们一天所见所感的大门，帮助我们理解他们的世界。

例如，孩子回家之后你这样提问：

 "你今天做了什么？"

这样简单而直接的提问可能让孩子觉得被审问，从而回答得短促而无味，如"没什么"，对话也就此结束。

而如果这样说：

"今天学校有什么有趣的事吗？"

 "有什么让你感到特别的？"

这种开放式的问题能鼓励孩子分享更多的细节，使对话变得更加自然和深入。

通过这样的日常沟通，不仅让我们了解孩子的日常生活，洞察他们的情感和想法，也能在孩子的心中建立信任和安全感，还让他们乐于与我们分享他们的世界。

✦ 日常对话所蕴含的力量

我们的言语充满了力量，每一句温暖、正面的话语都能对孩子产生深远的影响。当孩子感到沮丧或失败时，我们的鼓励和支持，能帮助他们从挫折中站起来，继续前行。

比如在孩子遇到困难时，不要说：

 "这没什么大不了！"

而是说：

 "我相信你可以做得很好，不管结果如何，我都为你骄傲！"

在每一天的交流中，我们用爱和理解的语言陪伴孩子，共同探索这个多彩的世界，引导他们走向更加宽广的未来。通过这样的日常沟通，我们不仅传递了知识和价值观，更为孩子树立了积极面对生活的榜样。

话语里的爱
为孩子照亮成长之路

在孩子的成长过程中，我们的话语就像阳光一样，给予他们温暖和能量。通过我们的言语，孩子们学会如何看待自己、他人以及整个世界。让我们一起探索如何用话语来传递爱，塑造一个积极、充满爱的世界观，成为孩子心中的小太阳。

⭐ 传递爱与正能量

在年幼时，大人的话都容易让孩子印象深刻。一句简单的鼓励，一句温暖的赞赏，都能在孩子心里种下爱和自信的种子。

试着做一下调整。

当孩子花了很长时间依旧没有完成作业，不要说：

 "你怎么还没完成作业？是不是又分心了？"

而是说：

 "我看到你今天努力在做作业了，虽然没完成，但很欣赏你的努力。我们一起找个方法，看看怎样可以更高效。"

这样的言语不仅给孩子自信和勇气，还在他们心中播下了被爱和尊重的感觉，他们需要的是理解和鼓励。当我们用正面的话语来沟通时，我们不只是在教育孩子，更是在培养他们成为充满爱和自信的人。

✪ 培养积极的世界观

在孩子面临挑战时，正面的话语就像指引他们的灯塔，帮助他们以乐观的态度应对生活的起起伏伏。我们将一起发现，每一句话，每一个表达，都有助于孩子形成对世界的认识和理解。

试着做一下调整。

当孩子输掉了跑步比赛，不要说：

 "你为什么总是输给别人，不能再努力一点吗？"

而是说：

 "你今天的比赛表现我看到啦，很骄傲你敢于挑战自己。每次尝试都是成长的一部分，输赢不是最重要的。"

 "每个人都有不擅长的事情，重要的是你努力了。"

告诉他们，无论遇到什么困难，我们都是他们最坚强的后盾。这样的话，不仅给了孩子信心，还能让他们心里暖暖的，感受到家的安全。

我们的每句话，都不只是说说而已，它们可以在孩子心里种下了爱和希望的种子，让他们知道，不管外面怎么风雨交加，家永远是他们最温暖的港湾。

日常的正向的话语还会逐渐帮助孩子建立起积极乐观的世界观，积极的想法也会影响他们，让他们学会在生活的挑战中寻找成长和机会。

倾 听 是第一步
然后是理解

真正的沟通始于倾听。倾听孩子的话语来深入理解他们的内心世界。洞察孩子的需求和感受，即使他们未能完全表达出来。我们要学会的，不仅是听他们说什么，更重要的是听懂他们未说的话。

★ 认真倾听孩子的每一个字句

在日常生活中，安静倾听孩子的话至关重要。静静地听他们讲述，不打断，也不急着给出意见。可以让孩子感受到你对他们的生活和感受的重视。

试着做一下调整。

比如孩子从学校回来，你问了今天发生的事情后，不要说：

 "哦，那就快去写作业吧，别浪费时间了。"

而是说：

 "听起来好有意思！"

 "看来今天学校发生的事情还不少，谢谢你和我分享。"

比起敷衍的回答，耐心和关心的态度更能鼓励孩子开放心扉，孩子会感受到你的爱和关心，更愿意与你交流，分享他们的感受和经历。通过这样的互动，你能更深入地了解孩子，并建立更牢固的亲子关系。

✴ 洞悉孩子的潜在需求

洞察孩子没有说出来的需求是一种细腻而深刻的爱。孩子们并不总是能够清楚地表达他们的感受或问题，但作为父母，我们可以通过他们的行为和情绪变化来感知这些没有说出口的潜在信息。

试着做一下调整。

如果孩子突然变得沉默寡言，可能是因为他们遇到了困难或挑战，不要只是说：

 "最近怎么总是不开心？有什么就说出来。"

而是这样说：

 "我注意到你最近有点不太一样，是不是有什么事情让你担心？不管发生什么，爸爸妈妈都支持你。"

 "你的意思是不是不太愿意去学校？是有什么让你不开心的事情吗？告诉我，我们可以一起想办法解决。"

通过细致的倾听和理解，使用温暖、耐心的沟通方式，我们不仅让孩子感受到无条件的爱和支持，也鼓励他们坦诚分享自己的感受和遇到的问题。这种方式使我们能够更深入地走进孩子的内心世界，有效地协助他们克服生活中的各种挑战。

同理心沟通
让情绪不再是交流的阻碍

在这个多姿多彩的育儿旅程中，作为家长，你既是孩子的引路人，也是孩子的倾听者。面对孩子那些时而晴朗时而多云的情绪，你的话语就像是一束温暖的阳光，能够悄悄照亮孩子的内心世界。用简单的日常对话，来引导和调整孩子的情感风向。让育儿的过程不再是单向的教导，而是一场和孩子的心灵对话。

一起来看看，怎样的话语能帮助我们更好地理解孩子的情绪世界，让育儿之旅充满温暖和乐趣。

⭐ 用同理心启动对话

孩子情绪不好或者发脾气的时候，试着换个角度，站在他们的立场上想想。试着理解孩子的感受，用一点点同理心，就能让对话的门轻轻打开。

比如孩子丢了玩具心情不好，不要说：

 "别哭了，没什么大不了的。"

而是说：

 "看得出来，你因为丢了心爱的玩具感到很难过。"

通过这样的同理心对话，我们不仅给孩子传达了理解和关爱的信息，也为建立更深层次的沟通打下了坚实的基础。

✦ 用积极语言重塑情绪

面对孩子的小挑战，家长的话就像是加油站的燃料。忘掉那些："不行"和"做不到"，换上"加油"和"我们试试看"。当孩子在日常生活中遇到难关，比如整理房间或完成家庭作业，你可以伸出援手，一起找找乐趣和解决办法。这样亲子一起的时光，不仅帮助孩子感到被支持和鼓励，还能让日常琐事变得更加有意思。

孩子在整理房间时遇到困难，不要说：

 "你这是怎么了，连房间都收拾不好？"

而是说：

 "看到你在整理房间，真棒！这里的书堆有点乱，我们是不是可以先分类，然后一起找个好地方摆放它们？"

积极的语言不仅能帮助孩子以更积极的态度面对生活中的小挑战，还能加深你与孩子之间的理解和连接，一起在快乐中成长。

✦ 小事里的大进步：育儿里的"赞美小魔法"

有时候，家长会不经意地忽略孩子在小事上的努力。你看，孩子们在日常生活中的那些小小尝试，比如自己定闹钟起床，虽然有点儿晚，但起来了对吧？或者那个没吃完的早餐，至少吃了一半，也算是个进步。家长要学会发现这些小小的成就，然后大声地表扬孩子。

这样的鼓励，能让孩子挺起胸膛，感受到自己在不断成长。

启发式沟通
培养孩子的思考力

你知道吗？提问，就是激发孩子思考的秘密武器！每次我们向孩子提出一个问题，都是在邀请他们去探索、去想象，去挖掘自己的思维宝藏。我们的目标很简单：通过问题，引导孩子一步一步开发自己的思维能力，自由地思考和回答。

✴ 激发探索的好奇心

好奇心是孩子内心的火花，而提问就是点燃这火花的火柴。我们可以通过提出刺激好奇心的问题，比如关于自然界、日常生活的"为什么"，来激发孩子的探索欲望。这样的提问能引导孩子自主学习，搜索答案，扩展他们的认知边界。

试着做一下调整。

比如孩子问了一个常见的自然现象的问题，如"为什么会天黑"，不要说：

 "别老是问这些没用的问题。"

而是说：

 "这是个好问题！你觉得为什么会是这样呢？我们一起翻翻《自然百科》找答案吧！"

通过鼓励孩子提问和一起探索答案，不仅学习了知识，还培养了好奇心和探索精神，更能激发孩子的学习热情。

★ 培养解决问题的能力

解决问题的能力对孩子来说至关重要，通过引导他们自主思考，帮助孩子学会面对、分析并解决问题，培养独立思考和应对困难的能力。

试着做一下调整。

当孩子遇到不会的数学题时，不要说：

"这个数学问题是这样的，学会了吗？"

而是这样提出探索性问题：

"你能想到解决这个数学问题的不同方法吗？你觉得哪个方法最好？为什么？"

试着做一下调整。

当面对实际问题时，与孩子一起坐下来，共同探讨解决方案。

不要说：

"这个问题太复杂了，你帮不上忙。"

而是说：

"这个问题很有挑战性，我们一起来想想解决办法吧。"

通过这些方法，我们不仅在帮助孩子学习如何解决问题，更重要的是，我们在教会他们如何面对生活中的挑战，培养他们独立思考和创造性解决问题的能力。这将为他们的未来打下坚实的基础。

好的沟通是爱的传递
让孩子更加勇敢

信任就像一道桥梁，连接着你和孩子的心灵。通过耐心听取、真诚接纳他们的感受和想法，我们可以为孩子创造一个安全的环境，让他们勇敢地展示自己的真实面貌。这就好比给孩子一个信号："无论你是怎样的，我都爱你，都愿意听你说。"

⭐ 尊重孩子的感受

尊重孩子的感受是建立信任的关键。当孩子分享他们的感受时，你的反应应该是支持和理解，而不是批评或忽视。这种尊重会让孩子感到他们的感受是重要的，从而增强他们与我们之间的信任。

试着做一下调整。

当孩子因为一件事情而哭泣的时候，不要说：

 "别哭，这有什么大不了的。"

而是说：

 "我看得出来你很难过，没关系的，哭出来吧！等心情平复了，再和我说说你的想法吧！"

当孩子知道他们可以毫无保留地向我们展示自己的真实感受，无论是快乐还是悲伤，他们都会更加自由地表达自己，更加勇敢地面对世界。这就是我们给孩子最宝贵的礼物——一份深厚的信任和无尽的爱。

✦ 建立信任的基石

信任是孩子敢于展现真实自我的基础。通过接纳和耐心的态度，让孩子感到安全，从而鼓励他们坦诚地表达自己的想法和感受。当孩子相信他们的声音能够被我们听见和尊重时，他们会更自信地展现真实的自己。

试着做一下调整。

当孩子表达他们对一件事情的想法时，不要说：

 "你又不懂，别说这些没用的。"

而是说：

 "原来你是这么想的，我觉得也有道理，谢谢你告诉我。"

通过鼓励和认可，我们为孩子创造一个安全的环境，让他们感到被支持，从而敢于表达真实的自我。这种信任的建立，是孩子健康成长的重要部分。

✦ 鼓励开放性沟通

鼓励孩子开放地表达自己，不管是好的还是坏的感受，都是建立信任的重要一环。孩子学会表达自己的想法，同时了解到表达真实感受是安全和被接受的。比如，我们可以告诉孩子："告诉我你的想法，无论对错我都愿意听。"

而这样的沟通方式不仅强化了亲子间的信任，也帮助孩子发展健康的表达能力。你的每一次倾听和理解，都是在孩子心中播下的爱的种子，而这些种子会随着时间慢慢生根发芽。

肢体语言的
温暖力量

在亲子沟通中，肢体语言同样重要。我们的拥抱、微笑，甚至目光都是与孩子沟通的有力方式。这些简单的动作不需要言语，就能传达出我们对孩子的爱和支持。

当我们以微笑迎接孩子，用温暖的拥抱安慰他们，或是通过目光交流展现我们的关注和理解时，都是在用行动告诉孩子：你很重要，我在乎你。

★ 拥抱的魔力

在孩子感到难过或挫败时，一个温暖的拥抱比千言万语还要有力。拥抱能传递我们对孩子的爱和支持，让他们感受到安全和被需要。

试着做一下调整。

当孩子感到沮丧，不要说：

 "这没什么大不了。"

而是说：

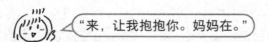 "来，让我抱抱你。妈妈在。"

一个简单的拥抱可以传达出无言的安慰和深深的理解，更能直接触动孩子的心，让孩子更直接地感受到爱和关怀。

⭐ 微笑的力量

孩子能感受到我们的情绪。一个简单的微笑可以鼓励孩子，传递我们的喜悦和骄傲，让他感到自己是被爱和支持的。

试着做一下调整。

比如，当孩子主动收拾了餐桌时，不要说：

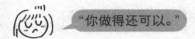"你做得还可以。"

而是说：

"谢谢你收拾餐桌，我真的很开心。"（附带一个温暖的微笑）

微笑是一种强有力的非语言沟通方式，它能让孩子感受到正面的情绪和积极的反馈，能极大地提升孩子的自信和幸福感。

⭐ 目光交流的亲密

与孩子进行目光交流，可以传递出我们的专注和兴趣，让孩子感受到他们是被听见和看见的。

试着做一下：

"我想听听你的故事。"（目光直视孩子）

一个小小的肢体语言，都能让孩子感受到他们在这个家庭中是多么的珍贵和重要。这些细微的肢体动作，不言而喻地加强了亲子间的信任和亲密感，为孩子的成长之路铺设了温馨的基石。

沟通的终极目标
为孩子打好 人生底色

沟通不仅仅是关于话语的交流，更是心灵的连接。当我们倾听并理解孩子的想法和感受时，我们展现了对他们个性的尊重。同时，通过每一个温暖的话语、每一个支持的行动，我们传递着无条件的爱。

⭐ 理解：孩子心灵的钥匙

理解孩子，是沟通的首要步骤。当我们用心倾听他们的言语，理解他们的情绪和需求，我们就为他们的心灵打开了一扇门。这不仅是对他们经历的肯定，也是对他们身份的认同。

试着做一下调整。

当孩子剩饭了，不要说：

 "你为什么总是剩饭？"（表现出批评）

而是说：

 "你没吃完饭，是有什么特别的原因吗？"（表现出理解和关心）

通过理解孩子的内心世界，我们能够更深入地与他们建立联系，让他们感受到被爱和尊重。

✦ 尊重：培养孩子的自尊心

尊重孩子的意见和选择是塑造他们自尊心的关键。当孩子感到他们的观点被重视时，他们会更加自信和独立。

试着做一下调整。

当孩子说出观点，不要说：

 "你的想法太幼稚了。"（贬低孩子的观点）

而是说：

 "你的想法很有创意，不妨一试！"（鼓励和尊重）

✦ 爱：沟通中的温暖力量

爱是沟通的核心。通过每一次温暖的交流，我们向孩子传达我们无条件的爱和支持，这是他们在成长中的重要动力。

试着做一下调整。

当孩子考得一般，不要说：

 "你考得不够好。"（缺乏支持感）

而是说：

 "你努力复习了，考得很棒，我为你感到骄傲，下次争取更好哦。"（表达爱和鼓励）

在沟通中传递爱和支持，可以帮助孩子建立积极的自我形象，同时也加深了亲子间的情感联系。

这种沟通方式不仅为孩子的成长打下坚实的基础，也为家庭营造了一个充满理解、尊重和爱的氛围，这是支撑孩子走向未来的强大力量。

第2章

应对日常行为

家长这样说，培养孩子的好习惯、好性格

日常生活中的每一刻都是塑造积极家庭文化的机会。想象一下，通过早晨的愉快对话缓解焦虑，用有趣的方式解决孩子的挑食问题，深化亲子关系，还有一起规划周末的快乐时光。这样的日常互动不仅能提升我们的生活品质，还帮助孩子学会独立思考和承担责任。更重要的是，通过有效沟通，我们不仅增进了家庭成员间的理解和情感表达，还创造了一个充满爱和尊重的家庭环境。在这样的环境中，每个孩子都能得到全面的成长和支持。毕竟，一个充满爱的家，是孩子成长的最好土壤。

让孩子更加积极的语言

　　在充实而繁忙的家庭生活中，大部分家庭都会经历一些摩擦，但我们都渴望拥有更多的和谐氛围，以增进亲情关系。有时候，我们可能会认为改变自己很难，但实际上，改变我们说话的方式所产生的巨大影响不仅可以减少冲突，提高家庭的和谐度，还可以帮助我们与孩子建立更亲密、更和谐的关系。

　　也许，我们只需要做出一些微小的调整。

✦ 改变日常催促的方式

　　我们总是急急忙忙，而孩子则喜欢慢悠悠地探索周围的世界。有时候，不停地催促"快点儿"，可能孩子根本不明白我们到底想让他们做什么。其实，说不定孩子已经尽力"快点儿"了，只是我们成人的步伐对他们来说可能太快了。所以呢，关键是要用孩子能听懂的方式来说话，让孩子明白我们的具体要求。

　　试着做一下调整。

　　出门前，孩子还在磨磨蹭蹭时，不要说：

 "快点儿整理书包，要迟到了！"

　　而是说：

"把书包收拾完，我们就可以出发了。"

 "今天老师又会夸奖你去得早呢。"

用这样轻松愉快的方式说话，不仅能让你和孩子之间的气氛更加融洽，还能让孩子在愉悦的心情中学习新东西。这样的小改变，能让我们更加深入地了解孩子的想法和感受，让育儿之路变得更加有趣。

✦ 用鼓励代替命令

不知不觉对孩子说出"不行！"或者"不能！"这种命令式的话语可能会让孩子感觉受到限制，有时候甚至会激起他们的逆反心理。其实换一种说话的方式，用鼓励来引导孩子，而不是简单地禁止他们，也许效果更好。

试着做一下调整。

当在餐桌上，孩子没有吃完饭时，不要说：

 "不准剩饭！"

而是说：

 "能把这些菜吃完吗？这样我们就能一起庆祝你今天的努力哦。"

或者说：

 "让我们看看能不能把盘子里的食物都吃掉，食物们会很开心的。"

小小的话语改变，便让孩子感受到了我们的关心和爱护。用爱和鼓励的话语代替简单的禁令，让我们更像孩子的好朋友，而不仅仅是教导者。这样的沟通方式能让孩子感受到被理解和尊重，同时也让我们更深入地了解孩子的内心世界。

⭐ 相信与等待，激发孩子的潜能

有时候小小的日常挑战对孩子来说就是一次大冒险。作为家长，我们心里可能非常焦急，想要立刻帮忙解决。但等一等，试试换种方式，用鼓励的话来支持他们吧。

试着做一下调整。

当孩子正专注地弯着腰，努力地对付着那些顽皮的鞋带时，不要说：

 "让妈妈来帮你吧。"

而是说：

 "系鞋带确实很有挑战，慢慢来，不着急，妈妈会等你。"

这样不仅能给孩子们自己探索和解决问题的空间，还让他们感觉到我们的支持和信任。当孩子们最终自己系好了鞋带，他们不仅学到了新技能，更是获得了一种"我做到了！"的成就感。这份自信和独立性，对他们未来的成长至关重要。

毕竟，小小的一步，也是成长的大步哦！

✦ 育儿目标：培养孩子成为自立的人

不知你是否和我一样，将"培养孩子成为自立的人"设置为育儿目标。那么要怎样在日常对话中悄悄培养孩子成为一个独立的小个体呢？

想象一下，周末来了，你和孩子一起规划周末活动。这不仅是个家庭聚会的好机会，也是让孩子练习独立思考和决策的绝佳时刻。

试试这样问孩子：

 "小宝贝，这周末你想去哪里玩？是去公园滑滑梯，还是在家做个小厨师？"

这个小小的互动，实际上对孩子来说是件大事。他们不仅得到了表达自己想法的机会，而且还可以学习如何做决定，这对于他们的成长和自信心建设非常重要。

当孩子回答你的时候，不论他们选择了什么，记得给予肯定和支持。比如他们说："我想去公园玩！"

你可以回应：

 "太棒了，我们可以一起在公园里做很多有趣的事情。"

通过这样的日常对话，你不仅在帮助孩子们培养独立思考的能力，还在维护你们之间的亲子关系。这样的育儿方法简单又有趣，让孩子在轻松愉快的氛围中成长。

赖床，起床困难

早晨可能是一天中最忙碌、最紧张的时刻。面对孩子的赖床和"起床气"，我们要怎么应对是个既有趣又有些挑战的话题。是一味地催促？还是立刻帮忙？或是任由他们自己来？

方法

·使用积极和鼓励的语言：

避免使用命令式的语言，如"快起床！"应改为使用更加积极和鼓励的语言，比如"新的一天开始了，让我们一起迎接它吧！"

·创造有趣的晨间仪式：

早晨可以设定一些有趣的家庭仪式，比如一起做个小晨练，或者是共享快乐的早餐时光。

·给孩子一些选择权：

比如让孩子选择早餐吃什么，或者是他们想穿什么衣服。

·一起制订早晨计划：

与孩子一起计划早晨的活动，让他们感觉被包容和重视。

·使用故事和游戏：

利用孩子喜爱的故事或游戏，使起床变得更加有趣。

晨间舞蹈时间：

"快点起床，不然迟到了！"

▼

"早上好！今天我们来跳你最喜欢的'星星舞'，准备好了吗？让我们一起迎接充满活力的一天！"

晨间运动：

"你怎么还不起床？"

▼

"早安，让我们一起做一个伸展运动，舒展身体，感受新鲜空气。"

早餐的选择权：

"赶紧起来，早饭都准备好了！"

▼

"今天早餐你想吃什么？是荷包蛋还是水煮蛋？一起来准备吧。"

穿衣小助手：

"赶快穿衣服，我们要迟到了！"

▼

"今天你想穿哪件衣服去学校？红色还是蓝色？我来帮你准备。"

穿衣计时小游戏：

"你怎么还在被窝里啊？"

▼

"看，倒计时闹钟还剩5分钟，让我们看看你是否能在响铃前穿好衣服。"

经常上学迟到

避免孩子迟到是家长们的日常必修课。一看时间就紧张，话语也变得急躁起来，但其实只要提前进行小小的规划再加上几句温柔的提醒，你就能轻松将"迟到大王"培养成"时间管理小专家"。

方法

·设定明确的时间目标：

告诉孩子具体的时间目标，比如明确告诉他们出门时间"上午8:00"，而不是模糊地使用"快点"和"马上"催促。

·使用视觉辅助工具：

比如使用计时器或计划表，提醒孩子注意时间。

·建立固定的晨间流程：

计划一个稳定而简单的晨间流程，并与孩子一起遵循。

·鼓励孩子参与规划：

让孩子参与制订晨间活动的计划，这样他们更有可能遵守。

·奖励准时行为：

当孩子按规划准时到校，记得给孩子一个大大的拥抱和鼓励，让他们知道自己做得很棒！

举例

明确出门时间：

"快点，我们要迟到了！"

▼

"我们每天七点四十五分出门，这样可以轻松按时到学校。"

固定的晨间流程：

"不要再磨磨蹭蹭啦！"

▼

"我们每天早上先刷牙洗脸，然后吃早饭，最后背书包出门。"

设置时间表：

"你每天早上都这么慢！"

▼

"我在墙上贴了一个时间表，你可以把早上要做的都写进去，这样就不会忘记任何事情。"

借助辅助工具：

"你怎么还没穿好鞋子？我们要迟到了！"

▼

"看，我们用这个沙漏来计时，让我们看看你是否能在沙子流完之前穿好鞋子。"

早晨游戏时间：

"还在玩？！我们要迟到了！"

▼

"我们来玩一个谁先去按电梯的游戏吧！123开始！"

挑食，不好好吃饭

面对孩子挑食，家长常用的"快吃！"可能适得其反。尝试用轻松的语气，以提建议的方式，将吃饭变成"认识食材"的小游戏。这些方式都可以激发孩子对食物的兴趣，鼓励孩子尝试。另外，保持耐心，用爱为孩子打造有趣的健康饮食环境！

方法

· 展示食物的多样性：

用兴奋的语气介绍不同的食物，强调它们的颜色、形状和味道的独特性。

· 讲述食物的故事：

每种食物都有它的小故事或趣味背景，这可以激发孩子的好奇心。

· 共同参与制作：

让孩子参与食物的准备过程，并引导他们对自己参与制作的食物产生兴趣。

· 设定小目标和奖励：

鼓励孩子尝试新食物，并为此设置小奖励。

· 呈现食物的趣味性：

通过有趣的摆盘或者是游戏化的用餐方式来增加食物的吸引力。

举例

讲述食物故事：

"你为什么总不吃蔬菜，快吃！"

▼

"你看这个莴笋叶子像不像一棵大树，你想试试一口气吃掉一棵大树吗？"

展示食物的多样性：

"快把这个水果吃了。"

▼

"这种水果叫作猕猴桃，它的外表毛茸茸的，但里面却是翠绿色的，还有小小的黑色种子。尝一尝它的味道如何？"

参与食物的准备：

"你在厨房只会添乱。"

▼

"来帮妈妈一起做鸡蛋饼吧！你可以选择你喜欢的盘子来盛它。"

用餐时的小比赛：

"别玩了，快喝牛奶。"

▼

"我们来比赛，看谁能先喝光牛奶。"

尝试新口味的食物：

"这个你也不喜欢，真难伺候。"

▼

"这个是咖喱鸡肉，据说印度的街头就是这个味道，你试试看？"

孩子放学了，路上如何交流

在接孩子放学的路上你是默默地骑车、开车或走路吗？这样的话，你可能会错过与孩子交流的宝贵时机，也会错过了解孩子一天生活的绝佳机会，好好把握增进亲子关系的黄金时刻吧。

方法

·讲述一天中的小故事：

鼓励孩子讲述今天的小故事，无论是趣事还是小挑战，让孩子知道你对此很感兴趣。

·提出开放式问题：

提出开放式问题来引导对话，更能激发孩子分享。

·分享你自己的经历：

分享你自己的一天，这不仅可以作为闲聊的话题，也可以让孩子感受到家庭成员间的相互关心。

·建立猜谜式的对话：

可以将对话变成一种游戏，可以让对话变得更加活泼有趣。

·倾听并给予回应：

当孩子在分享时，认真倾听并给予适当的回应。

询问而非盘问：

"你今天在学校做了什么？为什么不告诉我？"

▼

"今天在学校有什么有趣的事情吗？我很想听听你的故事。"

分享自己的日常：

"我今天很忙，没时间听你闲聊。"

"今天我在工作中遇到了一件有趣的事，你想听听吗？"

鼓励孩子表达感受：

"别老说学校不好玩，你应该感到快乐。"

▼

"如果你今天有不开心的事，告诉我，我们一起想办法解决。"

引导对话：

"今天怎么样啊？"

▼

"今天学校有什么让你觉得开心的事情？"

尊重孩子的选择：

"你为什么总是不愿意和我聊天？"

"如果你现在不想聊天，没关系。当你想说话的时候告诉我。"

孩子睡觉前，如何增进亲子关系

我们经常因为累了或忙于第二天的准备而急促地催孩子睡觉，错过了与他们增进情感的机会。实际上，睡前是孩子一天中最放松的时刻，这时候轻松地聊聊天，就能让这段时间变成亲子关系中最温馨的部分。

方法

·分享一天的感受：

鼓励孩子谈论他们一天中的感受和经历，问问有什么开心或困扰的事。

·讲述睡前故事：

创造一个睡前故事的仪式，规定好时间，让孩子选择故事内容，这样可以增进亲子间的互动和情感联系。

·谈论第二天的计划：

跟孩子讨论第二天的计划或期待，增加他们对新的一天的期待。

·表达爱和感激：

睡前是表达爱和感激的完美时机，简单的言语也可以让孩子感受到温暖和安全。

·安静地倾听：

安静地倾听孩子说的话，倾听他们的想法和感受。

分享一天的感受：

"别再谈学校的事了，现在是睡觉时间。"

▼

"今天在学校发生了什么有趣的事？想和我分享吗？"

讲述睡前故事：

"现在没时间讲故事，快睡觉！"

▼

"今晚你想听哪个故事？说好了就只讲一个哦！"

谈论第二天的计划：

"快睡吧，明天还有明天的事。"

▼

"明天我们计划要去公园，然后吃你最喜欢的牛排，怎么样？"

表达爱和感激：

"快睡吧。"

"谢谢你晚上把妈妈的杯子洗了，你肯定很爱妈妈，妈妈也爱你。"

安静地倾听：

"我太累了，我们明天再谈好吗？"

▼

"虽然我有点累，但我很想听听你今天遇到的趣事。"

周末了，如何
与孩子有效沟通周末计划

你会自行决定周末活动规划而忽视孩子的意愿吗？还是无计划随心所欲？或是临时改变原定行程？为了让周末时光成为家庭共同的美好记忆，我们应该和孩子一起有效地沟通和计划每一个周末。

方法

·提前共同规划：

与孩子一起提前讨论和决定周末的计划，确保每个人都有参与感。

·考虑孩子的兴趣：

重视孩子的喜好和兴趣点，为他们量身定制有趣的活动计划。

·灵活调整计划：

面对计划变更先与家庭共享信息，积极讨论新选择，并在孩子适应变化时给予鼓励。

·分享期待和想法：

鼓励家庭成员分享他们对即将到来的周末的期待和想法，增强亲子间的交流。

·尊重孩子兴趣的变化：

当孩子的兴趣或计划发生变化时，倾听他们的理由，尊重他们的选择，并相应调整我们的安排。

提前共同规划：

"这个周末我们去爬山。"

▼

"这个周末我们去爬山怎么样？或者你有其他有趣的点子吗？"

考虑孩子的兴趣：

"我们周末去美术馆，你也得跟着去。"

▼

"我知道你最近对恐龙很感兴趣，周末我们去博物馆看恐龙展览怎么样？"

灵活调整计划：

"计划已经定了，不能改。"

▼

"看天气预报说周末会下雨，我们的野餐可能得改天了。你有什么室内活动的建议吗？"

分享期待和想法：

"周末你就别指望出去玩了，有一堆作业要做。"

▼

"这个周末除了完成作业，你还希望做些什么？让我们一起计划一下吧！"

尊重孩子兴趣的变化：

"我们说好去滑冰的，你这孩子怎么突然说不想去了？"

▼

"原本是因为你喜欢滑冰而计划去的。如果现在有别的你更感兴趣的，我们可以一起改变计划。"

在商场买东西，如何锻炼孩子的决策力

你可能习惯了替孩子做出所有选择，但这样做其实限制了他们自主决策的能力。带孩子去商店是培养他们决策能力的大好时机。要如何在购物过程中通过轻松愉快的对话，引导孩子学会独立思考和做出选择呢？

方法

·提供购物选择：

购物时引导孩子在几个合适的物品中自己选择，以增强他们在实际情境中的决策能力。

·鼓励独立选择：

鼓励孩子表达自己的喜好和选择，从而锻炼他们的独立思考能力。

·教导购物中的价值和预算：

讨论物品的价值和预算，教导孩子理解消费决策和财务管理的重要性。

·尊重孩子的购物决定：

尊重孩子在购物时的选择，以此培养他们的自尊心和决策自信。

·引导理性的购物选择：

引导孩子理性消费，考虑个人与家庭实际需求来决定是否购买。

举例

提供购物选择：

"这个橡皮擦看起来很好用，你就买这个吧。"

▼

"你喜欢哪个橡皮擦？蓝色的还是红色的？你自己决定哦。"

鼓励独立选择：

"我觉得这个玩具对你没用，不要买它。"

▼

"这两个玩具都很有趣，你觉得哪一个更能让你开心？"

教导购物中的价值和预算：

"这太贵了，我们不买。"

▼

"这个东西的价格超出了我们的预算，让我们找找有没有更合适的选择。"

尊重孩子的购物决定：

"你选择的这个真的不好，换一个吧。"

▼

"这是你的选择，很好。只要在我们的预算范围内，你可以决定。"

引导理性的购物选择：

"又是买这些没用的东西。"

▼

"买之前先考虑一下，这套彩色笔是不是真的有用？家里有其他可以替代的吗？你之后会用到它吗？"

如何鼓励孩子多做家务

让孩子参与家务，是培养他们责任感和独立性的好方法。通过赞赏和感谢的话语，我们不仅能鼓励他们，还能让家务时光成为家庭互动和成长的有趣时刻。

方法

·表达感激和认可：

每当孩子完成家务时，用感激的话语表达认可，增强他们的成就感，肯定他们的自我价值。

·鼓励过程中的努力：

在孩子做家务的过程中给予鼓励，促进他们的自我激励，培养他们的韧性。

·强调家务的意义：

解释做家务如何帮助家庭，让孩子感受到自己行为的重要性和价值。

·灵活应对孩子的抵触：

如果孩子不愿做某项家务，可以提出替代选择，尊重并鼓励孩子的独立选择。

·庆祝家务成就：

对完成家务的成就给予正面反馈，增强孩子的自信和家庭归属感。

表达感激和认可：

"你总是做得不够好。"

"你今天把房间整理得真干净，谢谢你，这对家里的整洁很有帮助。"

鼓励过程中的努力：

"你为什么这么慢？"

"我看到你在认真做，不管花多长时间，最重要的是你在努力。"

强调家务的意义：

"你做这个只是因为我说要做。"

"帮忙做家务意味着我们都在为家庭出力，你的帮助让我们都感到温馨。"

灵活应对孩子的抵触：

"不管你喜不喜欢，轮到你了，你必须洗碗。"

"我知道你不太喜欢洗碗，如果你想擦桌子，我们可以换一换。"

庆祝家务成就：

"终于，你至少做了点什么。"

"看你完成了这么多家务，真是了不起！你的帮忙让妈妈感到很开心。"

不爱整理，房间乱糟糟

当孩子的房间变乱，通常是因为他们不确定从哪里开始整理，或者觉得整理是一件麻烦事。这时候，你的鼓励和适当的帮助至关重要。让整理变得简单有趣，帮助孩子慢慢养成整理的好习惯，这不仅是清理房间，更是培养独立性的开始。

方法

·设定轻松的整理目标：

鼓励孩子每天设定一个小整理任务，让整理变得简单且易于管理。

·整理时播放快乐音乐：

在整理时播放孩子喜欢的音乐，让整理时间成为欢乐时光。

·一起学习整理技巧：

和孩子一起整理，边做边教授简单有效的整理方法。

·讨论物品的新生命：

鼓励孩子考虑哪些不再需要的物品可以捐赠或再利用。

·欣赏整理的成果：

完成整理后，一起欣赏整洁的房间，并强调整理带来的好处。

设定轻松的整理目标:

"你的房间太乱了,快把所有东西都收拾好!"

▼

"今天只整理桌子上的书籍,明天再来整理衣柜,一点点来不着急。"

整理时播放快乐音乐:

"不要分心,专心整理!"

▼

"让我们边听你最喜欢的歌边整理房间,这样更有趣吧!"

一起学习整理技巧:

"你这样收拾太慢了,让我来做吧。"

▼

"让我们一起看看怎样最快把书本归位,你有什么好主意吗?"

讨论物品的新生命:

"这些东西都是垃圾,直接扔掉吧。"

▼

"这些旧书你还需要吗?或许我们可以捐给图书馆,让其他小朋友也能阅读。"

玩游戏上瘾

游戏上瘾在当今社会中已成为许多家庭面临的挑战。你可以通过温柔、耐心的沟通方式，帮助孩子理解游戏应当适度，引导他们找到更多有益的活动。与孩子建立开放的对话，让他们明白你的关心和支持，是帮助他们战胜游戏上瘾的关键。

方法

·设定合理的游戏时间：

与孩子一起讨论并设定合理的游戏时间，强调平衡游戏和其他活动的重要性。

·共享游戏体验：

了解孩子在游戏中的兴趣，了解游戏内容，有时与他们一起玩并一起讨论。

·鼓励其他兴趣：

鼓励孩子探索其他兴趣和活动，如户外运动、阅读或艺术创作，以丰富他们的生活。

·建立家庭规则：

制订明确的家庭游戏规则，确保每个家庭成员都了解并遵守。

设定合理的游戏时间：

"你总是玩那么久的游戏！"

▼

"你每天可以玩一个小时游戏，其他时间可以做别的有趣的事情，比如看看书，做做手工，如何？"

共享游戏体验：

"我不理解你为什么这么喜欢这个游戏。"

▼

"这个游戏看起来很有趣，你能教我怎么玩吗？我们可以一起玩。"

鼓励其他兴趣：

"你除了玩游戏就没别的爱好吗？"

▼

"妈妈注意到你最近很爱画画，我们这个周末去公园一边野餐一边写生吧！"

讨论游戏的影响：

"你眼睛都看花了，不准玩了！"

▼

"这个游戏虽然好玩，但也要注意劳逸结合才更健康哦！"

积极反馈和奖励：

"你终于少玩了些游戏。"

▼

"我注意到你最近在控制玩游戏的时间，这真的很棒，这周末我们可以一起去你最喜欢的博物馆。"

孩子听不懂爷爷奶奶说话

在很多家庭里，三代人之间有时会因为语言习惯不同造成一些沟通上的小难题，特别是当说普通话的小朋友和说方言的祖辈交流时。你可以用一些简单有爱的沟通方法，帮助孩子们和长辈们建立起理解和尊重的桥梁，让家庭的每一代人都能欢乐地聊天、分享生活。

方法

·鼓励双向学习：

鼓励孩子学习一些长辈的方言，或使用图像和手势表达意思，同时也鼓励长辈学习一些普通话，以此促进彼此的理解和沟通。

·耐心解释和重复：

耐心解释和重复不理解的话语，帮助孩子和长辈理解对方。

·共享故事和文化：

分享家族的故事，帮助孩子理解长辈的语言和行为。

·创造共同活动：

安排共同的活动，如下棋、烹饪，以增强家庭成员间的情感联系。

·表达爱和感激：

教孩子用语言或行动表达对长辈的爱和感激，强化家庭的情感纽带。

举例

鼓励双向学习：

"你说的话奶奶听不懂。"

"你教奶奶说普通话的'谢谢'，奶奶教你方言里的'谢谢'。"

耐心解释和重复：

"听不懂就算了，不用再说了。"

"也许我们可以换个方式和爷爷奶奶再说一遍，你的耐心会
让他们很开心。"

共享故事和文化：

"他们跟你讲故事你怎么这个态度？"

"爷爷奶奶讲的故事里有很多有趣的历史和文化知识，一起听听看。"

创造共同活动：

"他们不会玩这个游戏，不要去打扰爷爷了。"

"你可以和爷爷可以一起下棋，爷爷可厉害了，我小时候老
是输给他，你试试能不能下赢爷爷。"

表达爱和感激：

"你总是不听爷爷奶奶的话。"

"当爷爷奶奶对你说话时，认真听，同时告诉他们你的感受
和想法。这也是爱和感激的一种方式。"

孩子与老人生活习惯差距大，有摩擦

在家庭中，不同代际间的习惯可能会引起小摩擦。作为家长，你可以教会孩子理解和尊重家里每个人的小习惯。这不仅是关乎"生活方式的和谐"，更是关乎"家庭成员之间的理解和尊重"。当我们学会用耐心和爱来交流，就能让家里的每个人都感到被尊重，被爱护。

方法

·理解和尊重差异：

教导孩子认识到每个人都有自己的习惯和喜好，这些差异值得尊重。

·有效沟通技巧：

培养孩子的沟通技巧，使他们能够表达自己的观点，同时理解他人。

·共同计划家庭规则：

与孩子和家庭成员一起制订公平的家庭规则，确保每个人的需求都被考虑到了。

·示范积极回应：

作为家长，通过自己的行为示范如何积极回应和尊重他人的选择。

·培养共情能力：

鼓励孩子站在他人的角度思考，培养共情和理解他人的能力。

举例

理解和尊重差异：

"现在太晚了，别吵到爷爷奶奶了！"

▼

"爷爷奶奶喜欢早睡，所以晚上我们说话要小声点，这样他们能睡个好觉。"

有效沟通技巧：

"你总是想说自己的，不听别人的！"

▼

"我想听听你的看法，也让外婆外公分享他们的想法，这样我们可以全面地考虑问题。"

共同制订家庭规则：

"你是小孩，大人说了算。"

▼

"让我们坐下来一起讨论我们家的规则，让每个人都参与进来。"

示范积极回应：

"爷爷是长辈，这件事就听爷爷的！"

▼

"爷爷的意见很重要，因为他有很多经验。但我们也想听听你的想法，这样我们可以综合考虑大家的意见。"

培养共情能力：

"你怎么总是只考虑自己？"

▼

"如果你处在他们的位置，你会怎么想呢？让我们一起设想一下。"

什么都想买回家

一些孩子对钱的概念还很模糊，他们可能会认为钱是无限的，进而不理解为什么不能随便买他们想要的东西。这时你可以用日常的对话，轻松有趣地向他们展示金钱的真正价值，理性消费的重要性以及储蓄的好处。用爱和智慧，帮助孩子们树立健康、明智的金钱观念！

方法

·讨论金钱的价值：

每次购物时，与孩子讨论物品的价值，让他们理解金钱的重要性。

·教导预算管理：

教孩子如何设定和管理预算，以培养他们的理财意识。

·引导理性消费：

鼓励孩子思考每次购物的必要性，教导他们理性消费的重要性。

·鼓励储蓄和投资：

通过设置储蓄目标，鼓励孩子学习储蓄和基本的投资理念。

·实践金钱决策：

让孩子在日常生活中做出一些小额金钱决策，如选择零食或小玩具。

讨论金钱的价值：

"这东西太贵了，我们买不起。"

▼

"这个物品的价格是500元，让我们一起想想，它是否值这个价格，以及我们是否真的需要它。"

指导预算管理：

"你又乱花钱了！"

▼

"看看你的零用钱还剩多少，你可以规划一下这次最多用多少，一口气花光可就没有啦。"

引导理性消费：

"你总是想买这些没用的东西！"

▼

"在买这支笔之前先想想，你真的需要吗？有其他可以替代的吗？"

鼓励储蓄和投资：

"把钱都存起来，别乱花！"

▼

"如果你将这部分钱存起来，将来可以用来做更大的事，比如买你喜欢的书或玩具。"

实践金钱决策：

"这次春游的零食，就买这几样吧。"

▼

"这次春游买零食的决定就交给你，想想看用你的零用钱你想买些什么。"

如何开家庭会议

在家庭中，解决共同面临的难题以及协调家人之间的关系是一项挑战。你可以通过定期召开家庭会议，让每个家庭成员都有机会相互表达自己的观点和感受，共同探讨解决方案。这不仅能让孩子重视会议中讨论的问题，提高孩子对个人想法的表达能力，还能大大增强家庭成员之间的信任感。

方法

·确保每个人都有发言机会：

通过轮流发言的方式确保家庭会议中每个人都有机会表达看法。

·鼓励开放和诚实的讨论：

鼓励家庭成员坦诚地分享他们的想法和担忧。

·积极倾听和理解：

积极倾听家庭成员的观点，努力理解他们的立场和感受。

·尊重不同的意见：

尊重并接受家庭成员可能有不同的观点和想法，寻找共识和妥协点。

·共同制订解决方案：

鼓励每个人参与解决方案的制订，这样可以确保大家都对决定有所了解和认同。

确保每个人都有发言机会：

"我不想听你的意见，你还小。"

▼

"我们想听听你的想法，每个人的观点都很重要。"

鼓励开放和诚实的讨论：

"你这样说不行，不要这么说。"

"我知道你对我的看法了，很抱歉让你觉得不舒服，下面也请听一下我的解释吧。"

积极倾听和理解：

"你总是这么想，不要再说了。"

▼

"我想更深入地了解你的想法，请说出你的理由。"

尊重不同的意见：

"这个主意不行，我们不这么做。"

"这是一个有趣的建议，让我们探讨一下它的可能性。"

共同制订解决方案：

"我们就按我说的做，别的办法不行。"

▼

"这个问题有多种解决方法，你的方法也是一种，再听听我们的，让我们一起讨论找出最好的方案。"

如何引导孩子积极正向表达

有时候孩子会不知道如何表达内心的感受，或者他们的表达方式可能偏向消极。作为家长，你可以引导孩子学会感激和爱，并且培养积极的情感表达，帮助孩子突破情感表达的困扰，使孩子能够更好地理解和表达自己的情感。

方法

· **成为模范示范：**

　　成为感激和爱的榜样，用言行展示如何真诚表达情感。

· **鼓励积极言辞：**

　　引导孩子使用积极的词汇表达感激和爱，如"谢谢"和"我爱你"。

· **分享亲身经历：**

　　与孩子分享自己的感激和爱的经历，提供实际示范。

· **共同参与善举：**

　　一起参与善举，培养感激和回馈的价值观。

· **倾听和鼓励：**

　　认真倾听孩子的表达，给予积极反馈和鼓励。

成为模范示范：

"被表扬有什么大不了，不要骄傲。"

▼

"哇，太棒了！你一定做得很出色，我为你感到骄傲。"

鼓励积极言辞：

"哎呀，这点小事不值得谢谢。"

"你真懂得表达感激，谢谢你的赞美。"

分享亲身经历：

"他们不喜欢你也很正常，我小时候也没朋友。"

▼

"我明白你的感受，我小时候也有过类似的经历。你知道吗，后来我交到了很多好朋友，你也会的。"

共同参与善举：

"别参加什么义卖活动了，没有那个时间。"

"参加义卖是一个很好的想法，可以帮助到需要的人。我们可以一起研究一下怎么做。"

倾听和鼓励：

"你太不小心了，总是摔跤。"

▼

"哎呀，摔着了吗？没事吧？下次要更小心哦，妈妈很担心你的安全。"

如何培养感恩心态

教孩子学会感恩，对他们的成长至关重要。家长需要帮助孩子认识自己的特质和所拥有的一切，并教他们如何表达感激之情。通过你的言行和互动，孩子学会了珍惜和感激，无论是对日常小事的一句"谢谢"，还是对他人的一个微笑。这些简单而真诚的表达，不仅培养了孩子的感恩心态，也帮助他们以更积极的心态面对生活。

方法

·感激家庭生活：

引导孩子感激家庭成员的爱和支持。

·珍惜学校经历：

教育孩子欣赏在学校的学习和成长机会。

·感谢他人帮助：

鼓励孩子对生活中接受到的各种帮助表示感激，无论是邻居的小帮助还是朋友的支持。

·表达对他人的感恩：

教孩子学会对家人、朋友和老师等表达感恩。

·感激日常小事：

鼓励孩子对日常生活中的小事表达感激。

举例

感激家庭生活：

"这是我们应该做的。"

▼

"我们给你准备这个礼物，因为我们爱你。你感觉怎样？"

珍惜学校经历：

"老师就应该教会你这些知识，这是她的义务。"

"在学校学到这些真不错，你最喜欢哪部分？老师和同学对你的帮助有多大？"

感谢他人帮助：

"帮你找到玩具对他们来说就是举手之劳。"

▼

"保安叔叔帮你找到玩具真是太好了。我们一起去谢谢他们吧！"

表达对他人的感恩：

"没事，她正好有多的笔。"

"你的朋友把她的笔借给了你，真是雪中送炭！下次如果遇到谁没有带笔你也可以帮助别人。"

感激日常小事：

"外婆反正没其他事，做做饭没啥。"

▼

"看，外婆特别为你做了这顿美味的饭菜。她是多么爱你啊！我们一起感谢外婆，好吗？"

如何帮助孩子建立健康的生活习惯

培养孩子的健康生活习惯是日常生活中的重要一环。通过每天的对话和互动，你可以激发孩子对健康饮食、规律锻炼和良好睡眠习惯的兴趣和认识。这不仅关乎孩子的身体健康，更是心理和情感发展的基石。

方法

·平衡饮食意识：

教育孩子了解营养均衡饮食的重要性，鼓励他们尝试各种健康食物。

·家庭户外活动：

定期安排家庭户外活动，如远足或在公园玩耍，加强孩子的身体活动，保证孩子定期户外活动。

·良好的作息习惯：

帮助孩子养成规律的睡眠和起床时间，确保他们获得足够的休息。

·日常家务活动：

让孩子参与日常家务，如整理房间或帮忙做家庭清洁，培养他们的责任感和独立性。

·情感表达沟通：

鼓励孩子表达自己的感受和想法，开展家庭对话，以促进情感健康。

共同准备健康餐点:

"快点吃,不要挑食。"

▼

"让我们一起尝试这些不同的蔬菜和水果,它们对我们身体都很好。"

家庭户外活动:

"今天外面太热/太冷了,我们就待在家里吧。"

▼

"虽然天气有点热/冷,我们可以穿得适当些。户外活动对我们都有好处,一起去公园走走吧!"

规律睡眠:

"快去睡觉!不然明天起不来。"

▼

"让我们定个规律的睡觉时间,这样你每天都能精力充沛。"

日常家务活动:

"你做得不够好,我来吧。"

▼

"我很高兴看到你帮忙整理房间,这是个很好的习惯。让我们一起看看还有什么可以改进的。"

情感表达和沟通:

"不要总是抱怨。"

▼

"我想听听你的感受,告诉我今天发生了什么,我们可以一起找解决办法。"

第 3 章

应对学习问题

家长这样说，提高孩子的学习兴趣

在学习的旅途上，家长可以通过创新的方法和鼓励性的交流来唤醒孩子学习的热情。我们关注如何激发孩子的求知欲和专注力，同时帮助他们应对拖延和考试焦虑等学习挑战。通过实用的策略，家长可以支持孩子克服障碍，培养积极的学习态度，这不仅助力孩子取得学习进步，也促进孩子在思考和提问上全面成长。

点亮孩子学习热情的语言

作为父母总希望孩子在学习的道路上行走得既快乐又充满自信。但有时候，你会发现孩子对学习的热情并不高，这时，就需要通过恰当的言语引导点燃孩子对学习的兴趣和热情，让学习变成一种乐趣。

通过日常对话，也能传递给孩子那些让他们感到安全和被支持的积极信息。这些不仅能帮助孩子在面对学习挑战时更加勇敢，也能在孩子的心中播下快乐和自信的种子，对其未来的成长道路产生深远的影响。

★ 唤醒好奇心：学习的本质

孩子都是对世界充满了无限的好奇的。这种好奇心是求知欲，也就是学习的本质。而作为家长，你的任务就是引导和滋养这种好奇心。当孩子对周围的事物提出疑问时，这正是激发他们学习热情的绝佳时机。试着用正确的话语和问题，点燃他们的探索火花，让学习的求知欲源源不断地被激发出来。

试着做一下调整。

当孩子在写作业的时候，不要说：

 "作业就是这么枯燥，但是你必须完成，没有选择。"

而是说：

 "哇，这个答案好有意思！明天老师看到一定会很惊喜，说不定会多给你两个印章呢！"

通过这样的正向引导，你可以帮助孩子从不同的角度看待学习，激发他们的好奇心和求知欲，让学习变成一种富有创造性和趣味性的活动，这让他们在学习过程中获得更多乐趣。

✦ 用鼓励的话语，让学习充满干劲

鼓励的话语总是能够点亮孩子们学习的热情。当孩子在学习中取得哪怕是一点小小的进步，我们的鼓励和积极反馈都能为他们的努力加油。相反的，被批评、被强迫，学习就变成了不开心的事情。

通过鼓励为孩子创造一个愉快、温馨的学习氛围，帮助孩子建立起积极向上的学习态度，让孩子在放松状态下学习是非常重要的。

试着做一下调整。

当孩子在复习功课的时候，不要说：

 "你的成绩还是不够好，要更努力才行。"

而是说：

 "今天也在认真复习功课呀！妈妈相信你一定能掌握得更好。别忘了适当休息一下哦！"

明白这个道理了吗？在育儿这条路上，关键在于发现孩子的闪光点，然后用我们的鼓励和赞赏来点亮它们。正面的肯定不仅让孩子快乐和自信，还能激励他们更加努力学习。每次鼓励都是孩子成长的动力，所以，请用积极的话语为孩子的每一步成长喝彩吧！

✦ 接纳不完美：培养安全感

当孩子在学习的道路上遇到挫折时，你可以帮助孩子理解失败的意义，让他们知道在学习和探索的过程中不完美也是正常的。让孩子明白，无论成绩单上的数字如何，你对他们的爱都不会因此减少。通过传达这样的信息，为孩子营造一个充满关注、陪伴和安全感的环境，鼓励他们勇于尝试新事物，不畏惧失败，也会变得更加勇敢和自信。

试着做一下调整。

当孩子考试成绩不理想，不要说：

 "你怎么又没考好，这样怎么行？"

而是说：

 "没关系，重要的是找到原因，一起来看看哪里可以改进。"

在家庭的温暖和安全感中，孩子会学会接受不完美，学会从失败中吸取教训。让孩子知道无论成绩如何，他们都是值得爱的，他们的价值远远超过一张考卷。这样，我们就能培养出更有韧性、更加自信的孩子啦。

✦ 传递自信：你可以做到

在孩子的学习之路上，我们的信任和鼓励如同阳光般至关重要。

当你通过肯定的话语不断向孩子传递信心，孩子会逐渐相信自己拥有克服任何挑战的能力。这种积极的支持，能够激发孩子的内在潜力，让他们勇敢地迈向每一个新的学习阶段。

试着做一下调整。

当孩子面临新挑战，不要说：

 "这个题目太难了，你可能做不来。"

而是说：

 "这是个新挑战，我知道你能行的！妈妈相信你！"

或者说：

 "确实挺难的，一步步慢慢来，肯定能解决。"

受到这样的鼓励，孩子内心深处就像获得了阳光和雨露，自信心也会倍增。即使孩子遇到难题摇摇晃晃，你也要试着说："你一定可以的！""你一定能做到！"让他们感到"我可以，我有这个能力，我可以做到！"让孩子知道，只要一步一步地继续走下去，他们总能达到目标。

这样的话语会潜移默化地成为孩子的信念，影响他们前进的方向，会让孩子在学习的道路上越走越稳，不再畏惧困难和失败。

无论何时，请记得把自信的种子播撒在孩子的心田吧！

抱怨学习、写作业很枯燥

有时候孩子会觉得书本知识和作业枯燥乏味。此时你可以用一些有趣的问题和生动的实例，巧妙地点燃他们对学习的兴趣，把每一次学习都变成充满乐趣的探险。让孩子在学习中发现乐趣，培养求知欲。

方法

·将生活实例融入学习：

利用孩子身边的实例让学习内容更加生动和贴近实际，提高孩子对学习的兴趣。

·创造有趣的挑战：

设计一些与课题相关的挑战，让孩子在解决这些挑战时深入理解学习内容。提高自信，激发主动学习的热情。

·游戏化学习的魅力：

将学习内容融入孩子喜欢的游戏中，让孩子在玩耍的同时学习。

·使用互动和多媒体工具：

运用多媒体工具和互动方式，让学习内容变得更生动。

·鼓励提出问题：

鼓励孩子在学习过程中提出自己的疑问和见解。

举例

将生活实例融入学习：

"这些课本上的内容考了就不用管了。"

"这道题就像你去超市买零食付钱是一样的，来试试看吧！"

创造有趣的挑战：

"怎么还没懂？那我再出一道题。"

"我想到一道题，和刚才那个很像，你可以试试用这个方法挑战一下。"

探索与兴趣相结合：

"不要总是想着玩游戏，去学习吧。"

"让我们一起来玩这个有趣的模拟宇宙的游戏，感受一下无重力的环境吧！"

使用互动和多媒体工具：

"有空多看看书。"

"这个应用可以帮助我们更好地理解科学实验，一起来试试吧！"

鼓励提出问题：

"别总问为什么，书上就是这么写的。"

"你觉得为什么会出现这个现象？结合你学过的知识来说说。"

写作业总是开小差

孩子往往会被周围环境或内心的思绪分散注意力，因此保持专注是一个重要的挑战。帮助他们克服分心的难题，培养更好的专注力。这不仅需要家长的耐心和理解，还需要建立与孩子之间的信任和沟通。

方法

·表扬孩子的专注：

当孩子在专注方面取得进步时，给予积极的反馈和表扬，强化他们的努力。

·温柔引导专注力：

当孩子分心谈论其他事情时，用温柔的方式引导孩子先完成手上的事。

·创造专注的学习环境：

与孩子一起打造适合学习的环境，减少干扰元素。

·设置清晰的学习目标：

通过与孩子沟通，帮助他们设定具体的学习目标，使学习更有方向和重点。

·学习成果分享：

通过关注和赞赏孩子的学习成果，增强他们的专注和学习动力。

举例

表扬孩子的专注：

"你总算是坐下来学习了。"

▼

"今天一回家就认真地写作业，必须表扬，继续保持！"

设置休息时间：

"你刚学了一会儿就想休息？"

▼

"学习半个小时可以休息5分钟哟，然后再继续。"

温柔提醒集中注意力：

"不要说啦，赶快继续写！"

▼

"我们一会儿再聊，先集中注意力把作业做完吧。"

设置清晰的学习目标：

"你作业怎么做了半天都没做完！"

▼

"你可以自己规划先做哪个作业，再做哪个作业，这样会更清晰。"

学习成果分享：

"怎么又去玩橡皮了？"

▼

"给我看看你今天的练习册吧。哇，今天听写全对，很棒哦！
原来都学到这篇课文了啊！"

学习过程容易疲惫

连续学习真的会让人感到疲惫，适时的小憩对孩子来说非常重要！和孩子沟通，一起合理安排休息时间，能帮助孩子在快乐中学习，精力和注意力也能得到有效的恢复，同时也可以让孩子明白，学习和休息是相辅相成的，只有这样，才能在学习的旅程中走得更远、更快乐。

方法

·设置适度的休息时间：

鼓励孩子在学习中适时休息，劳逸结合，帮助他们恢复专注力。

·引导积极的休息活动：

鼓励孩子在休息时间进行有益的活动，如简单伸展或小游戏。

·讨论休息的重要性：

讨论休息对于学习的重要性，让孩子理解为何需要休息。

·倾听孩子对休息的感受：

倾听孩子对休息安排的感受和建议，共同优化休息时间。

·鼓励短暂的户外活动：

在休息时间里鼓励孩子进行短暂的户外活动，如帮助他们在自然环境中放松心情，恢复精力。

设置休息时间：

"你刚学了一会儿就想休息？"

▼

"学习半个小时可以休息5分钟哟，然后再继续。"

引导简单的运动休息：

"休息时间上个厕所就回来。"

"休息时间我们做些拉伸运动，活动一下筋骨。"

探讨休息的意义：

"不需要知道为什么，就按我说的做。"

▼

"你觉得让大脑放松一下，还是让身体舒展一下，哪个更重要？"

"你有没有发现休息一会儿再去写作业，效率会更高？"

倾听孩子的感受：

"现在还没到休息时间！"

"休息一会儿怎么样？有没有什么好建议？"

鼓励短暂的户外休息：

"休息时间太短了，不要出去。"

▼

"休息时间去外面走走吧，新鲜空气能让你的头脑更清醒。"

学习时总被外界环境吸引注意力

孩子需要一个安静舒适的学习角落，这对于集中注意力非常重要。这个学习角落也是孩子们的小天地，需要家长和孩子一起努力打造。那么要怎样通过亲子合作，创造出一个理想的学习环境呢？

方法

·讨论学习环境的重要性：

和孩子讨论一个安静、整洁的学习环境为什么可以让人更专注。

·共同选择学习角落的位置：

让孩子在合理范围内参与决定学习角落的位置，这样他们会更愿意在那里学习。

·一起布置学习空间：

和孩子一起布置学习空间，使其成为一个兼具功能性和个性的学习环境。

·避免制造干扰：

保持安静，避免发出噪声，确保孩子在学习中不受到不必要的干扰。

·设置学习用品的固定位置：

帮助孩子规划和设置学习用品的固定位置，确保有必要的学习工具。

举例

讨论学习环境的重要性：

"你的书桌总是乱糟糟的。"

"整理好书桌可以帮助你更专注地学习，我们一起来整理吧！"

共同选择学习角落的位置：

"你就在餐桌上做作业吧！"

"你觉得把书桌放在哪里学习会更舒服呢？"

布置学习空间：

"你的书桌上放这些书。"

"你可以自己决定在书桌上放些什么学习用品，或者你喜欢的书也行，用了之后记得放回原位。"

避免干扰孩子学习：

"做作业的时候耳朵不要听电视在播什么啊！"

"让我们把电视关掉，这样你学习时就不会被干扰了。"

设置学习用品的固定位置：

"又找不到铅笔了吗？"

"如果把铅笔固定放在这个抽屉，每次就都能很快找到了。"

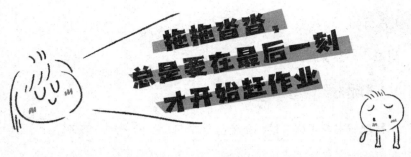

拖拖沓沓，总是要在最后一刻才开始赶作业

面对孩子作业的拖延问题，与孩子进行有效的沟通至关重要。家长可以通过鼓励和挑战，激发孩子按时完成作业的动力。这不仅需要耐心和理解，更需要家长以平等的态度和孩子一起寻找解决方法。

方法

·共同制订作业计划：

　　和孩子一起制订合理的作业计划，并坚持执行。

·鼓励孩子自主决定：

　　让孩子自己决定什么时候做作业，适当引导，并坚持到底。

·提供必要的支持：

　　在孩子需要帮助时给予适当的支持，而不是代替他们完成。

·强调完成的满足感：

　　强调完成作业后的成就感和自豪感。

·设定小奖励：

　　对按时完成作业的孩子给予小奖励，激励他们保持良好的习惯。

制订作业计划：

"你总是拖到最后一刻才做作业。"

▼

"我们一起来制订一个作业计划吧，这样你就能更好地管理时间。"

自主决定做作业时间：

"你现在就要做作业。"

▼

"你觉得什么时候开始做作业最好？妈妈认为早一点做完作业，后面就可以做你喜欢的事情了，你觉得呢？"

提供必要的支持：

"你这样永远都做不好。"

▼

"这个题有点难，需要帮助吗？我们可以一起想办法，比如再分析一下题目。"

强调完成的满足感：

"你总是等到最后才匆忙完成。"

▼

"哇，这么快就做完了！现在轻松了吧？离洗漱时间还有一会儿，你可以去做你喜欢的事情啦！"

设定小奖励：

"又是勉强完成的作业。"

▼

"做完作业后，我们可以一起玩你喜欢的桌游哦！"

做作业不认真，敷衍了事

发现孩子敷衍做作业，首先要做的是了解背后的原因。是因为急于玩耍而应付了事，还是因为觉得题目太简单而缺乏兴趣？家长可以通过提问和耐心聆听，引导孩子深入思考自己的学习态度，共同寻找解决之道。

方法

· 提问而非指责：

用提问的方式代替指责，鼓励孩子分享他们对作业的看法。

· 调整学习节奏：

通过调整学习计划和节奏，帮助孩子保持兴趣和动力，避免敷衍态度。

· 鼓励自我反思：

鼓励孩子自我反思作业的完成过程，理解敷衍带来的影响，激发他们的责任感和主动性。

· 设置合理目标：

帮助孩子设定可达成的学习目标，提高完成作业的动力。

· 共同寻找解决方案：

与孩子一起探讨改善学习态度的方法，提高作业完成质量。

提问而非指责：

"你为什么总这么敷衍？"

▼

"我注意到你完成作业很快，是因为你觉得它很容易吗？"

调整学习节奏：

"你每天就做这么一点作业，怎么行？"

▼

"看起来你今天有些分心，你看是否需要调整一下学习计划？"

鼓励自我反思：

"你的作业做得也太马虎了，又错了好几道题。"

▼

"我发现你的作业完成得很快，但似乎有些地方没太注意。更细致一点不容易出错哦！"

设置合理目标：

"你的目标太低了毫无挑战。"

▼

"这个学习目标对你来说是不是有点简单？妈妈觉得你可以挑战更难一点的。"

寻找解决方法：

"又做错了，是不是因为你认为已经会了所以没有认真做？"

▼

"你觉得这些都掌握了，但认真复习也很重要，它能帮助巩固你的知识。"

当孩子在学习中遇到难题时，家长的理解和支持至关重要。你需要用耐心和情感理解的方式来引导孩子，帮助孩子以平和的态度面对学习中的挑战。建立一个充满信任和鼓励的环境对于孩子克服畏难情绪、增强解决问题的能力来说，超级重要哦！

方法

·倾听孩子的感受：

主动倾听孩子对学习难题的感受，给予他们足够的空间表达自己的困惑和挫败感。

·共同寻找解决方案：

与孩子一起探讨学习中遇到的难题，引导孩子寻找解决方案。

·强调努力的重要性：

鼓励孩子理解即使面对困难和挑战，努力本身就是成功的一部分。

·正面反馈和鼓励：

对孩子的每一点进步给予正面的反馈和鼓励，帮助孩子建立自信。

·理解并接受失败：

帮助孩子理解失败是学习过程的一部分，并教会他们从失败中学习。

倾听孩子的感受：

"别总抱怨，学习就是要克服困难。"

▼

"我知道这个题目对你来说很难，你觉得最困难的部分是什么？"

共同寻找解决的方法：

"你自己想办法解决吧，这是你的作业。"

"这道题不会没关系，让我们一起找找解决的方法。"

强调努力的重要性：

"你又没能解决这个问题，看来你没用心。"

▼

"我看到你在这个难题上努力尝试了不同的方法，这就很棒。每次尝试都是向成功迈进的一步！"

正面反馈和鼓励：

"这个题目你怎么还是做不对？"

▼

"我看到你在这个难题上已经取得了一些进步，真的很棒！继续这样努力，你一定能搞定它。"

理解并接受失败：

"你又失败了，真让人失望。"

▼

"这次没做好没关系，失败是学习的一部分。我们来分析一下哪里出了问题，下次可以怎么做。"

考试前孩子多少会有些紧张和焦虑，这很正常。家长可以用一些温暖和鼓励的话，帮助孩子放松下来。告诉孩子考试是一个展示自己所学知识的好机会，重要的是怎样去面对，而不是考了多少分。这样，孩子们就可以更加自信、轻松地去应对考试了。

方法

·正视考试的重要性：

帮助孩子理解考试的意义，鼓励他们以积极态度对待考试。

·分享考试经验：

通过分享自己或他人的考试经验，让孩子了解考试紧张是普遍现象，可以被管理和克服。

·强调努力的价值：

让孩子知道考试的分数不是最重要的，重要的是他们的努力和所学的知识。

·鼓励放松和休息：

鼓励孩子在考试前适当放松，通过休息和轻松的活动来减轻压力。

·建立积极的心态：

帮助孩子建立积极的心态，鼓励他们相信自己的能力和准备。

举例

正视考试：

"考试容易，不要紧张。"

▼

"考试是展示所学的一个机会，无论结果如何，做好准备。"

分享考试经验：

"考试没什么大不了的，你不需要紧张。"

▼

"考试时我也会感到紧张，但我发现深呼吸和放松一下能帮助我缓解这种感觉。你也可以试试看。"

强调努力的价值：

"你必须考个好分数。"

▼

"尽力就好，无论考试结果如何，我都为你的努力感到骄傲。"

鼓励放松和休息：

"考试前就别玩了，你应该只专注于复习。"

"考试前放松一下也很重要哦，你想做点什么放松一下吗？"

建立积极的心态：

"你准备得不够，可能会考砸。"

"你已经准备得很充分了，相信自己，你可以做得很好。"

当孩子不愿意复习功课时，家长需要了解背后的原因，比如逃避、拖延或盲目自信等。这将有助于家长更好地帮助孩子克服这一学习困境，引导他们正视问题，并与孩子一起制订有益的预习和复习计划，以激发孩子更积极地面对学习，培养良好的学习习惯。

方法

· 明确原因：

与孩子坦诚交流，了解不愿复习的原因，制订学习目标。

· 制订学习计划：

与孩子一起制订详细的预习和复习计划，分解任务，制订时间表。

· 设立奖励机制：

制订奖励计划，如小礼物或娱乐时间，激励孩子按计划完成任务。

· 提供支持与鼓励：

家长要坚定支持，积极反馈，让孩子感到努力受到认可。

· 共建学习伙伴关系：

家长与孩子一起建立学习伙伴关系，培养良好的学习习惯，建立亲子学习伙伴关系，相互支持和鼓励。

明确原因：

"不要再抱怨了，你必须得复习。"

▼

"我理解你觉得无聊，但复习对我们来说很重要。可以告诉我为什么觉得无聊吗？我们可以一起找解决方法。"

制订学习计划：

"我告诉你该做什么，跟着我的指示去做就行了。"

▼

"我们可以一起制订一个复习计划，比如说从容易的开始。"

设立奖励机制：

"如果你不复习，就别指望有奖励。"

▼

"如果你按照计划复习，就会有机会得到奖励，这会帮助你养成良好的学习习惯。"

提供支持与鼓励：

"这么简单的东西你都不会。"

▼

"别担心，复习就是帮你找出还不会的地方，我们再来探讨，直到你掌握它。放心，我会一直支持你。"

共建学习伙伴关系：

"那就别复习了，随便你，看你能考多少分。"

▼

"没关系，我会陪着你，我们先看这个练习题哪里不会，再一起找出解决方法吧！"

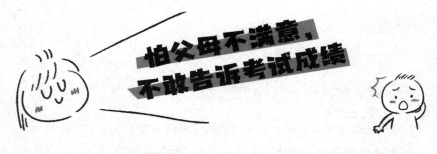

怕父母不满意，不敢告诉考试成绩

当孩子的考试成绩出来后，正向的反馈至关重要。告诉他们，每次考试都是学习的机会。肯定孩子的努力，同时帮助他们理解并分析错误，这样不仅能鼓励孩子，还能激发他们的学习动力。支持他们，鼓励他们，让他们知道无论成绩如何，我们都在他们身边。

方法

· **肯定努力的价值：**

强调努力的重要性，无论成绩如何。

· **分析错误的原因：**

和孩子一起探讨考试中的错误，帮助他们理解并改进。

· **鼓励积极的思维：**

激励孩子保持积极的心态，面对困难不放弃。

· **努力的认可：**

表扬孩子的努力而非仅仅是分数，强调努力的重要性。

· **超越物质奖励：**

重视孩子内在的成长和学习经验，而非仅仅依赖物质奖励。

举例

肯定努力的价值：

"你的分数为什么这么低？"

▼

"虽然很遗憾，但我看到了你的努力，这部分做得还是不错。"

分析错题：

"你怎么又犯同样的错误？"

"你知道这道题为什么会错吗？下次有什么方法可以避免呢？"

鼓励积极的思维：

"这个成绩不行，你得加倍努力。"

▼

"这个成绩只是这个阶段的结果，我相信你会做得更好！"

认可孩子的努力：

"只要分数高就好。"

"我很欣赏你为了这次考试所付出的努力，这比分数更重要。"

除了小礼物之外：

"这次考得好，我给你买礼物。"

"比起这个小奖励，这次积累的学习方法是更珍贵的礼物哦，是你未来学习的宝贵经验。"

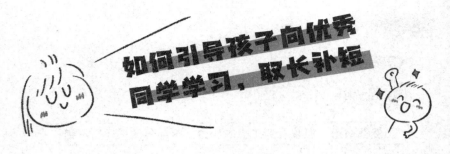

如何引导孩子向优秀同学学习，取长补短

孩子身边的优秀同学，有很多值得学习的地方哦！家长可以温和地引导孩子去观察这些同学的好习惯，比如怎么专心学习，怎么积极参与课堂。这样做，不仅能提升孩子学习的效率，还能帮助他们慢慢培养出自己的优良品质。

方法

· **认同学习态度：**

引导孩子认同优秀同学的学习态度，如专注和积极参与课堂。

· **观察学习方法：**

讨论优秀同学的学习方法，鼓励孩子尝试并找到适合自己的方法。

· **分析优秀同学的特质：**

引导孩子观察并分析优秀同学的行为特点，比如他们怎样安排学习时间，如何处理作业等。

· **保持自我认同：**

在学习他人优点的同时，保持对自己独特优势的认识和自信。

· **合作和交流：**

鼓励孩子与优秀同学交流和合作，共同学习和进步。

认同学习态度：

"你为什么不能像A同学一样聪明？"

▼

"A同学总是很专注听讲，这是一个好习惯。"

观察学习方法：

"B同学学习好就是因为天生聪明。"

▼

"B同学在课堂上总是很专注，这样可以更好地理解老师讲的内容，你也可以试试这个方法。"

分析优秀同学的特质：

"别人都能做到，你怎么就不行？"

▼

"我注意到C同学总是提前规划他的写作业时间。你觉得这个方法如何？"

保持自我认同：

"你为什么总是想跟别人不一样？"

▼

"你在这方面做得很好，我们可以把这个优点保持住，再和其他同学的优点结合起来。"

合作和交流：

"一天到晚只知道玩怎么会进步呢。"

▼

"你觉得和A同学一起去图书馆怎么样？你们可以互相学习，下次你可以约她试试看。"

如何引导孩子正确对待竞争

竞争无处不在，但关键是如何让孩子理解竞争的健康和积极面，而不是仅仅看到压力。让孩子明白竞争不只是比谁强，更是让自己变得更棒的机会。引导孩子学会积极看待挑战，同时懂得珍视自己的特点和尊重别人。这样，他们就能在竞争中找到自己的位置，更加自信和从容。

方法

· **比较不是关键：**

引导孩子理解，竞争不是简单地比较胜负，而是个人进步的机会。

· **学习他人的长处：**

鼓励孩子从竞争中学习他人的优点，而不是嫉妒或失落。

· **合作胜于竞争：**

强调合作的重要性，让孩子明白团队合作往往比单打独斗更有效。

· **培养健康的自尊心：**

鼓励孩子建立健康的自尊心，不以别人的成就来衡量自己的价值。

· **重视过程，而非仅仅重视结果：**

教导孩子重视竞争过程中的学习和成长，而不只看重结果。

比较不是关键：

"你看看人家得了多少分，你怎么就做不到？"

▼

"每个人都有自己的强项，重要的是你比昨天的自己进步了多少。"

学习别人的长处：

"要向A同学学习！"

"A同学的数学很好，我们可以一起探讨他的学习方法。"

强调合作的重要性：

"你必须自己做到最好，不要依赖别人。"

▼

"在小组里每个人的贡献都很重要，都是不可或缺的。你觉得怎样的合作方式最有效？"

培养自尊心：

"你为什么总是和别人比较自己？"

"你在音乐方面的进步非常显著，这是你独特的才华。"

重视过程：

"只有第一名才算成功。"

▼

"虽然没得到第一名但你学到了很多。这比仅仅获胜更重要。"

如何引导孩子不害怕问问题

提问是学习的重要组成部分，而家长可以通过积极的沟通帮助孩子培养自信提问的能力，以便孩子更好地学习和理解知识。用简单又鼓励的话语，引导孩子，给孩子信心，帮助孩子掌握提问的秘诀，让他们在学习的路上越走越自信！

方法

· **积极鼓励提问：**

积极鼓励孩子提出问题，即使问题看似简单。

· **创建安全的提问环境：**

创造一个安全、无压力的提问环境，让孩子感到舒适。

· **答案不是唯一：**

告诉孩子，提问的目的不只是得到答案，更重要的是学会思考。

· **赞扬孩子的好奇心：**

对孩子的好奇心表示赞扬和支持，鼓励他们继续提问。

· **肯定提问的价值：**

与孩子分享提问的重要性，让他们理解提问能带来的学习收益。

举例

积极鼓励提问:

"这么简单的问题你都不知道?"

▼

"这是个很好的问题,让我们一起找答案。"

创造安心的提问环境:

"在别人面前问问题,别人会觉得你笨。"

▼

"在爸爸妈妈这里,你可以自由地提问。"

肯定孩子的好奇心:

"你不要总是问那么多问题!"

▼

"你这个问题问得很好哦!继续提问吧,保持好奇心会让你学到更多。"

肯定提问的价值:

"问问题只是浪费时间。"

▼

"提出问题是学习的重要部分,可以帮助我们更深入地理解事物。"

第4章
应对社交困扰

家长这样说，培养孩子的社交能力和高情商

帮助孩子自信地融入社交世界，是我们作为家长的重要任务之一。家长需要培养孩子维护健康的友谊的能力，也需要帮助孩子增强同理心，积极表达情感，以及提升交际技巧。我会提供一些简单实用的指导和活动建议，帮助孩子理解多样化的文化，学会在社交中建立信任和诚实，同时克服内心的羞涩。这既是孩子找到自己位置的旅程，也是我们与孩子共同成长、享受亲子关系和谐的美好时光。希望这些内容能成为你育儿路上的温暖陪伴，给你和孩子带来更多的快乐和满足。

帮助孩子建立社交力的语言

家长在孩子的社交生活中扮演着超级重要的角色，不仅是孩子的支持者，还是朋友。随着孩子渐渐长大，交往的范围逐渐从家庭成员到学校、社会……来自不同地区的朋友让孩子的社交范围渐渐扩大，孩子开始慢慢脱离父母的陪伴，去构建自己的人际圈子。而无论何时，我们要记住，家长的最终目标是培养孩子的自立。

为了让孩子成为这样的人，我们需要指导孩子独立地应对各种社交挑战，同时让他们知道，不管发生什么，我们始终在他们身边。

⭐ 引导孩子独立解决社交问题

随着孩子成长，鼓励他们自行处理人际交往中的挑战。作为家长，我们的角色是提供指导和支持，而不是代替孩子做出决定。

试着做一下调整。

当孩子回家之后很伤心或是在生气，不要说：

 "是和同学发生什么了吗？告诉妈妈，我去跟那个同学（或老师）说。"

而是说：

 "怎么啦？可以跟我说一下发生了什么事情吗？"

这样为孩子创造一个主动倾诉的机会，并说一些鼓励的话：

 "你觉得怎么做才好呢？"

 "妈妈是这么觉得的……"

把最终决定权交给孩子，让孩子学会自己应对朋友间的小问题，锻炼解决问题的能力和生存的技能。

✦ 传递无条件的支持

当孩子面对挑战时，独立思考和解决问题是他们最强大的武器。而家长总是孩子最坚实的后盾，要让孩子感受到你深深的爱和信任。

你只要这么说：

 "无论如何，我都支持你！"

教孩子自己想办法，面对困难不退缩，而家长只需要传递"什么样的你都是棒棒的！"这样的立场就好了。

✦ 鼓励孩子自信和自我认可

引导孩子学会珍惜自己，建立自信和肯定自己的价值，而不是过分在意他人的看法。

试着这么说：

 "最重要的是你对自己的看法。你是独一无二的！"

通过鼓舞人心的方式，你可以帮助孩子建立自信和自尊。让孩子在这个多姿多彩的世界中，学会自我肯定，在社交的星空中自信地闪耀。

在孩子的成长旅程中，朋友扮演了极其重要的角色。通过与孩子的沟通，家长可以引导孩子选择对自己有益的朋友，识别真挚友谊的价值，并学会在人际关系中做出明智的选择，并建立一个健康的社交圈。

方法

·识别真正的朋友：

帮助孩子理解真正朋友的特质，如诚实、善良和支持。

·培养自我认识：

帮助孩子深入了解自己的兴趣和价值观，引导他们选择那些有共鸣的和价值观相似的朋友。

·鼓励积极交往：

鼓励孩子积极参与社交活动，与不同的人交往，找到真正的朋友。

·学会设立边界：

教导孩子学会在友谊中设立健康的边界，尊重自己和他人。

·学习处理冲突：

教会孩子在友谊中有效地处理冲突和分歧。

识别真正的朋友：

"他是班里成绩最好的孩子，你应该和他做朋友。"

▼

"真正的朋友是能够关心你，同时是真诚和善良的。"

培养自我认知：

"你怎么不和A同学一起玩？这样你也会变得受欢迎。"

"我注意到你和A同学都很喜欢绘画和科学，也许你们可以交朋友。"

鼓励积极交往：

"那个活动有很多人你都不认识。"

▼

"那个活动是个认识新朋友的好机会，去看看吧。"

学会设立边界：

"这件事虽然是他做得不对，但你们是朋友，你得忍着点。"

"如果他让你感到不舒服，你有权说'不'，即使你们之前关系不错。"

处理冲突：

"他不听你的，就不要再和他玩了。"

▼

"朋友之间有分歧很正常。你可以想想怎样才能有效沟通、解决问题。"

和同学闹矛盾

在孩子的社交世界里，遇到小矛盾是再正常不过的事了。家长的角色是成为孩子解决冲突的向导，用有效的沟通和理解去处理小摩擦，帮助孩子及时解决眼前的问题，培养孩子长远的人际交往技巧，帮助孩子的友谊小船稳稳地航行。

方法

· 倾听和理解：

鼓励孩子倾听朋友的观点，理解对方的感受和立场。

· 表达自己的感受：

教导孩子如何清晰而礼貌地表达自己的感受和需求。

· 寻找共同点和妥协：

引导孩子寻找和朋友之间的共同点，并学习妥协。

· 避免指责和攻击：

教导孩子在冲突中避免指责和攻击，以更建设性的方式解决问题。

· 寻求大人的帮助：

鼓励孩子在难以自行解决冲突时，寻求成人的帮助，这是学习解决问题的一部分。

倾听和理解:

"别人说话你怎么总插嘴?"

▼

"朋友对这件事情有不同的看法,让我们先听听他们怎么说。"

说出自己的感受:

"你不要不说话。"

▼

"如果这件事让你感到不高兴或不舒服,可以告诉朋友,这样他们才能理解你。"

寻找共同点和妥协:

"你们总是因为小事争吵,真让人头疼。"

▼

"看来你们在这个问题上有分歧。你们有没有共同喜欢的事情,比如足球,可以一起做,以此找到妥协的办法?"

避免指责和攻击:

"是他先开始的,你应该反击。"

▼

"即使你很生气,试试看能不能用不伤害对方的方式表达你的想法。"

向大人寻求帮助:

"你可以自己解决你的问题。"

▼

"你自己解决不了,没关系,告诉爸爸妈妈或者老师,请求大人的帮助。"

在学校被排挤了

面对被同龄人排斥的情况，对孩子们来说确实挺难的。这时候家长就是孩子最坚强的后盾。要温柔地告诉他们，每个人都有自己的独特之处，被别人排斥并不代表自己做错了什么。告诉孩子他们的价值不是别人决定的，他们也不是孤身一人，关键是勇敢面对，找到自己的价值。

方法

·自我认同的建立：

　　帮助孩子认识到自己的价值，不依赖于他人的接受。

·情感表达：

　　鼓励孩子表达自己被排斥时的感受，而不是把情感隐藏起来。

·寻找新的社交圈：

　　引导孩子寻找新的朋友和兴趣小组，拓宽社交网络。

·积极对话：

　　教会孩子如何与那些排斥他们的同龄人进行建设性的对话。

·寻求他人支持：

　　鼓励孩子在需要时向家长、老师或其他成年人寻求帮助。

建立自我认同:

"别管他们,你自己玩就好。"

▼

"我知道被人排斥不好受,但记住你是一个很棒的人。你有很多优点,不需要别人的认可来定义自己。"

情感的表达:

"没事,忍一忍就过去了。"

▼

"我看得出来你很伤心。来,你想说说你的感受吗?"

寻找新的社交圈:

"你去问问他们愿意一起玩吗?"

▼

"有些人可能和你玩不到一起,那没关系。我们可以一起找找有相似兴趣的朋友。"

积极对话:

"不理他们就好了,不用去解释。"

▼

"如果你觉得可以,和那些排斥你的人平静地交谈,表达你的感受,有时候他们可能不了解他们的行为对你造成了什么影响。"

寻求他人的帮助:

"这是你自己的问题,自己解决。"

▼

"如果你觉得难以应对,记得你可以随时找我或老师帮忙。我们永远都在这里支持你。"

教孩子学会诚实和信任，像是在他们心里种了一棵小树苗。这棵树苗会慢慢长大，成为他们性格中很重要的一部分。告诉孩子诚实不只是做人的基本原则，更是建立起信任和友好关系的第一步。这样，孩子们在与人交往的过程中就能更自在，更踏实。

方法

·日常生活中的诚实练习：

在日常生活中创造机会，鼓励孩子做出诚实的选择。

·真实情感的分享：

鼓励孩子分享他们的真实感受和想法，强调诚实表达的重要性。

·诚信故事分享：

分享和讨论关于诚实和信任的故事，以强化这些价值观。

·诚实行为的表扬：

通过赞赏和表扬孩子的诚实行为，鼓励孩子在未来的生活中继续保持诚实，增强人际关系中的信任感。

·团队信任游戏：

通过团队合作的游戏，让孩子体验在团队中诚实和信任的重要性。

提问而非指责：

"你是不是说谎了？"

▼

"如果事情真的是这样，你可以坦白地告诉妈妈。没关系，勇敢地承认错误是很重要的。"

分享真实想法和感受：

"如果你对这件事感到不高兴，也不要说，以免让他不舒服。"

▼

"如果你对某件事不满意或有不同意见可以说出来。我们可以一起探讨，找到更好的解决办法。"

诚信故事的分享：

"这个故事中的狐狸总是用诡计得到想要的东西。"

▼

"虽然这个故事中的狐狸很聪明，但它最终因为不诚实而失去了朋友。这告诉我们诚实的重要性。"

鼓励诚实的行为：

"你说了实话，这是应该的。"

▼

"你勇敢地说出了真相，非常棒！虽然说出口有点困难，但我为你感到骄傲。"

团队信任游戏：

"这个游戏，我们一定要赢！"

▼

"这个游戏里注意多和队友交流，大家要互相信任，诚实合作才能赢。"

人多时害羞不敢说话

　　帮孩子克服羞涩，树立自信，家长可以找些好玩的活动，鼓励孩子尝试新事物，展现自己的个性和才华。这样一来，孩子就能更自信地表现自己，感受到自己的价值。毕竟，每个孩子都有自己的光芒，只是有时候需要家长一起去发现。

方法

·鼓励公开表达：

　　鼓励孩子在小组或公共场合中表达自己的想法和感受。

·正面反馈的重要性：

　　给予孩子积极的反馈和鼓励，增强他们的自信心。

·参与社交活动：

　　鼓励孩子参加各种社交活动，与不同的人交流。

·自我介绍练习和才艺展示：

　　表扬孩子的努力而非仅仅表扬孩子获得的好分数，强调努力的重要性。

·交流游戏：

　　通过团队合作的游戏，鼓励孩子与他人交流和合作。

举例

鼓励公开表达：

"多发言！不要怕！"

▼

"在班会上可以多多地举手发言，分享你的想法。紧张很正常，但每次发言都是你变得更自信的机会。"

正面反馈的重要性：

"怎么又错了一道题！"

▼

"你在这件事上做得很棒！我看到你的进步，继续加油。"

参与社交活动：

"不要怕，去找小朋友聊天。"

▼

"这个活动是认识新朋友的绝佳机会。如果感到紧张，可以从谈论你们的爱好开始，这样会更自然。"

自我介绍练习和才艺展示：

"别害羞，随便介绍一下自己。"

▼

"自我介绍时，自信地谈谈你的爱好和才艺。这是让别人了解你的好机会，也能展示你的个性。"

交流游戏：

"在团队游戏中不用多说话，跟着别人就行。"

▼

"在这个团队游戏中，每个人的想法都很重要。试着分享你的想法，一起找到解决问题的方法。"

除了最好的朋友，不爱和别人交流

在孩子的社交世界中，新朋友的加入总是需要磨合和适应。在这个过程中，家长可以引导孩子学会如何善意结识并信任新朋友，同时维持与老朋友之间的深厚友谊。互相关心和理解是友谊的基石，无论是老朋友还是新朋友，都能在共同的时光中逐渐建立起深厚的联系。

方法

· **共同兴趣的探索：**

鼓励孩子发现和新朋友共同的兴趣，通过共同参与活动促进彼此的了解和接纳。

· **老朋友介绍新朋友：**

引导孩子让老朋友和新朋友相互了解，比如组织一次小游戏。

· **合作性游戏：**

通过团队合作的游戏，鼓励孩子和不同的朋友一起玩。

· **平衡新老友谊：**

教孩子学会平衡新老朋友之间的关系，鼓励其做出均衡的选择。

· **课间时间的友谊桥梁：**

新老朋友共同参与课间活动或游戏，促进相互之间的交流和友谊。

探索共同兴趣:

"你已经有朋友了啊,不用再去找别的人做朋友了。"

▼

"你和小A都喜欢足球,不如一起踢球,找到共同的乐趣?"

老朋友介绍新朋友:

"你就和之前的好朋友一起玩吧。"

▼

"你可以邀请新朋友加入你们的游戏,让他也认识你的老朋友。"

开放式对话:

"你就固定和你的伙伴搭档跳绳,免得不适应。"

▼

"这次的双人跳绳你可以尝试和不同的同学组队,这样可以更好地了解彼此。"

学习平衡和选择:

"你要么和新朋友玩,要么和老朋友玩,不能两边都占。"

▼

"试着和新老朋友轮流玩,或者一起玩,这样每个人都会开心。"

课间时间的友谊桥梁:

"课间时间就和新朋友玩,老朋友放学后再说。"

▼

"下课你们商量找个大家都能玩的游戏,这样大家都能一起玩啦。"

如何引导孩子增进朋友间的友谊

在孩子的世界里，朋友是他们成长道路上的珍贵伙伴。有时友谊可能因为小小的误会或争执而显得脆弱。家长就像是那个温暖的灯塔，指引孩子使用同理心和沟通技巧来处理这些小矛盾，帮助孩子学会倾听、理解和表达，使孩子之间的友谊在相互理解和尊重中得以增强和绽放。

方法

· 分享喜悦和挑战：

鼓励孩子与朋友分享快乐时刻和遇到的挑战，增进理解和支持。

· 感受朋友的情绪：

教会孩子识别朋友的情绪变化，展现关心和同情。

· 换位思考的练习：

通过角色扮演等活动，帮助孩子体会朋友的感受和观点。

· 学习赞美和感激：

教导孩子如何向朋友表达赞美和感激，强化正面互动。

· 共同解决问题：

引导孩子与朋友一起寻找解决冲突的方法，同时鼓励在需要时互相帮助，强化友谊。

举例

分享学校的开心时刻：

"有些事情自己知道就好。"

▼

"这件事听起来真开心。你也可以分享给小A，让朋友也感受这份快乐。"

注意朋友的情绪变化：

"你的朋友小A不高兴，跟你没关系，别管。"

▼

"听起来小A不是很开心，作为他的朋友你可以问问他怎么了。"

朋友为何没参与游戏：

"如果你的朋友不玩游戏你就自己玩。"

▼

"你可以关心一下你的朋友为什么没参加课间的游戏，是不想玩？还是身体不舒服，或是心情不好？"

学习赞美和感激：

"他是画得好，但你不用和他比较。"

▼

"你觉得他画得好，就可以告诉他你很欣赏他的作品，也可以向他学习。"

共同解决问题：

"你和小Y在接力赛中总掉棒，下次换个队友？"

▼

"看来你和小Y在接力赛中接棒时有些困难。是你没有抓稳？还是他跑太快你接不住？你们可以分析一下原因再想办法解决。"

如何引导孩子讲礼仪

教孩子们学会社交技巧，就好比是给他们一本通往社交世界的通行证。你可以教孩子怎样礼貌地和别人交流，引导孩子学会在不同的场合下表达自己的想法，理解别人的话。这样，无论在哪里，孩子都能自信地与人交往，更好地融入周围的世界。

方法

· **礼貌用语游戏**：

通过游戏形式教孩子在日常对话中使用礼貌用语。

· **鼓励孩子参与社交活动**：

鼓励孩子参与各种社交活动，让孩子练习如何在这些情境中交流。

· **表达和倾听**：

教孩子如何有效地表达自己的想法和倾听他人。

· **情景模拟对话**：

通过游戏的方式设置具体的社交场景，让孩子练习应对不同的交际情境。

· **派对游戏**：

让孩子扮演小主人的角色，学习招待客人的交际技巧和礼仪。

举例

礼貌用语游戏：

"不要每次都说请和谢谢！"

▼

"记得要在感谢别人的时候说谢谢，这是表达尊重和感激的方式。"

参加社区活动：

"不必跟别人多说话，跟着我们就行。"

▼

"在社区集市里，你可以试着和卖家聊聊他们的商品，这是锻炼交流技巧的好时机，记得保持友好和礼貌。"

表达和倾听：

"你就说你自己想说的，别人说什么不重要。"

▼

"在交谈中，我们既要表达自己的想法，也要倾听别人的意见，这也是有礼貌的行为。"

模拟情景对话：

"不要玩了，现在是吃饭时间！"

▼

"假装你是服务员，记得使用礼貌用语，展示良好的餐桌礼仪。"

学习主人礼仪：

"放些吃的喝的就行，别太麻烦了。"

▼

"作为派对的小主人，你需要问问客人需要什么，这样既体现关心，也展示了好礼仪。"

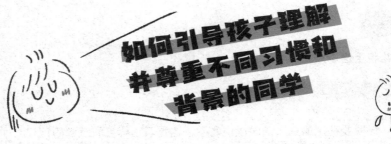

如何引导孩子理解并尊重不同习惯和背景的同学

在这个多元文化的世界里，让孩子学会欣赏和尊重不同的习惯和背景真的很重要。家长可以通过一些有趣的活动让孩子明白，每个人都有自己的特点，而且这些不同点让世界更加精彩。你要教孩子接受和尊重这些差异，这样一来，孩子就能更好地融入这个多元的世界，和各种各样的人和睦相处。

方法

· **习俗多样性游戏：**

设计游戏让孩子了解不同文化的习俗和传统。

· **尊重不同家庭背景：**

教育孩子理解和尊重不同的家庭结构，如单亲家庭、重组家庭。

· **尊重差异：**

通过讨论不同的生活习惯，教孩子理解和尊重周围人的各种特点，强调个体差异性在日常生活中的体现。

· **多元的活动体验：**

组织或参与庆祝不同习俗的活动，增进多元理解。

举例

面对单亲家庭的问题：

"别去问这种问题，那是人家的私事。"

▼

"有些家庭可能只有妈妈或爸爸，我们应该理解和尊重这些差异，不要让你的同学感到尴尬或难过。"

面对不同语言的外国友人的问题：

"你就用中文和你的韩国同学打招呼嘛。"

▼

"你可以向你的同学学习韩语，并多用韩语和他打招呼，这可以表示你的尊重。"

多元的活动体验：

"我们只庆祝我们自己的传统节日。"

▼

"这周末有个文化节，有来自世界各地的食物和音乐。去体验一下不同的文化怎么样？"

世界知识问答挑战：

"不知道其他文化很正常，简单了解一下就好。"

▼

"这个世界知识问答挑战真有趣。让我们看看我们对世界了解多少，也许我们还能学到新东西呢。"

第 **5** 章

关注生活点滴

家长这样说，帮助孩子发掘潜能

家长用细腻的观察和贴心的陪伴，为孩子的成长之路点亮明灯。生活中的每一个小细节，都可能成为孩子潜能的触发点。家长的一句鼓励、一个微笑，都能激发孩子探索世界的勇气。让我们携手，关注孩子生活中的点滴进步，用心倾听他们的心声，帮助他们发现自己的兴趣与优势，鼓励他们勇敢追求梦想。在爱与陪伴中，孩子的潜能将如花般绽放，绽放出属于他们自己的精彩人生。

激发孩子**潜能**的语言

父母的语言是孩子心灵的钥匙，一句简单的鼓励，一个微妙的引导，都可能激发孩子内在的潜能。与孩子沟通时，我们不仅要传递信息，更要运用语言的力量，启迪孩子的思考，点燃他们的热情。本小节将探讨如何通过恰当的语言，引导孩子独立思考，积极面对挑战，从而激发他们的创造力与探索欲。让我们用智慧的语言，为孩子铺设一条通往成功的道路。

⭐ 观察，发现孩子的闪光点

只要用心观察，家长总是能有机会注意到孩子们身上那些不那么显眼的特质。通过耐心的观察和积极的反馈，你不仅能帮助孩子认识并欣赏自己的独特优点，还能增强孩子的自尊心。这个过程也可以让你与孩子建立深厚的信任和有效的沟通，一步步揭露孩子们自身的闪光点。

比如，当做一件事，孩子可能稍有失误，我们不要说：

 "你看，你又没做好。"

而是说：

 "我看到你在学习新东西时付出了很多努力，这很了不起。每一点进步都值得骄傲。"

我们要看到孩子的努力。肯定孩子的每一份努力，让孩子感受到自己的进步和价值。

✦ 积极的语言是孩子潜能的催化剂

积极的语言，如阳光般照亮孩子前行的道路，给予他们无尽动力。用这样的语言回应孩子，不仅能肯定他们的努力，更能激发他们的自信与勇气。让我们学会用积极的语言与孩子沟通，让他们在鼓励与赞美中勇敢发掘潜能，书写精彩人生。

比如当孩子遇到困难时，如果说：

 "你不要那么害怕，试一试。"

可能并没有给孩子实际帮助，不会有太好的效果，而如果我们这样说：

 "我注意到你在尝试新事物时很谨慎，这是个很好的品质，代表你会深思熟虑。目前的小困难很正常，我们一起看看还有什么可以做得更好。"

使用鼓励和积极的语言描述孩子的行为，增强他们的自我认同。引导他们进一步发掘自己的潜力。

父母的语言在孩子成长过程中扮演着至关重要的角色。观察孩子的闪光点，用积极的语言催化他们的潜能，再以真诚的赞美激发他们的无限可能，这是我们作为父母的责任与智慧。让我们以爱为笔，以智慧为墨，书写出激励孩子成长的美好篇章，共同见证他们绽放光彩、创造辉煌的明天。

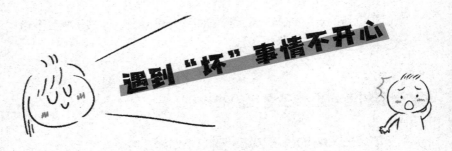

遇到"坏"事情不开心

你有没有发现，有时孩子对某些事情的看法可能过于消极，引导孩子们换个角度看问题，就像在他们的思维世界里添上新的色彩。每件事都有多面性，每个挑战都是成长的机遇。这样一来，孩子学会了面对生活的波折，变得更自信，更能在困难中寻找到解决之道。这种思维的转变，对他们的成长至关重要，并能帮助他们更积极地面对每一个挑战。

方法

· 找到问题的另一面：

引导孩子认识到每个问题都有它的光明面，就像"失败也可以是通向成功的一步"。

· 比较过去和现在：

和孩子一起回顾过去是怎么解决类似问题的，强调进步和成长。

· 想象最好和最坏的情况：

教孩子权衡最好和最坏的结果，帮助他们看到事情往往不像最初想象的那样糟糕，从而培养更坚韧和积极的心态。

· 换个角度思考：

引导孩子试着从别人的视角看问题，帮助他们理解不同的看法，培养更开放和积极的心态。

找到问题的另一面：

"又失败了，真遗憾！"

▼

"哎呀，这次没成功，但你发现了哪些可以改进的地方吗？每次尝试都是向前迈的一步哦！"

比较过去和现在：

"你上次就没成功，这次肯定也不行！"

▼

"虽然这次也没成功，但和上次比还是有进步，值得表扬！"

想象最好和最坏的情况：

"别想太多了，没事的。"

▼

"最好和最坏的情况都想想，这样我们就能准备得更充分，通常事情没那么糟，对不对？"

换个角度理解他人：

"别那么自私，只考虑自己。"

▼

"试着想想，如果你是他们，你可能会怎么做？"

创造性思考挑战：

"看来这种活动不适合你。"

▼

"这个挑战是个学习机会。你可以想一想，怎么能更好地参与进去呢？"

因为性格缺点而自卑

孩子们有时候会把自己的特性看成缺点，比如过于害羞或冲动。实际上，每种特质都有其积极的一面。家长的角色是帮助孩子看到这些特质的优点，增强自信。通过理解和沟通，你可以引导孩子用新的视角看待自己，发现自我价值。

方法

· **重塑观点**：

通过新的解读，帮助孩子提升自信和自我接纳。

· **寻找优点**：

指导孩子发现性格特质，增强孩子对自身特性的正面认识。

· **积极比较**：

一起探索性格特点的积极面，鼓励孩子欣赏自己的独特性，培养自我价值感。

· **改变语言**：

用积极的描述，帮助孩子用正面视角看待自己的行为。

· **正面转化**：

鼓励孩子挖掘自身特质，促进个人成长和创造力的发展。

举例

重塑观点:

"你怎么这么胆小?"

▼

"我喜欢你的深思熟虑,这是一种优点。"

寻找优点:

"你太固执了。"

▼

"你这种坚持不懈的态度很棒,可以帮助你实现目标。"

积极比较:

"看看人家,你怎么就做不到?"

▼

"你和别人不一样,你的特别之处在于你开朗、大方,这是你的优势。"

改变语言:

"你太冲动了。"

▼

"你的热情和行动力真让我刮目相看,妈妈好佩服!"

正面转化:

"你怎么对每件事都这么好奇,专心点。"

▼

"你对很多事情都感兴趣,这很棒。这种好奇心可以帮你发现很多有趣的东西。"

如何引导孩子发现自身的闪光点

每个孩子都有自己独特的技能和才华，有时只是还未被发掘。家长可以鼓励并引导孩子尝试各种新事物，发现潜能。在这个探索的旅程中，不仅是孩子自信心的成长，也是你与孩子关系更加紧密的机会。一起成长，一起发现，这个过程本身就是亲子关系中最珍贵的部分。

方法

· 鼓励尝试新事物：

鼓励孩子尝试不同的活动和兴趣，帮助他们发现自己的潜在才华。

· 庆祝每个小成就：

即使是小进步，也值得庆祝，这能帮助孩子建立成功的感觉。

· 提供多样化经历：

给孩子提供多种学习和体验的机会，以发掘他们多方面的潜力。

· 积极反馈：

对孩子尝试新技能的过程给予积极的反馈，增强他们的自信心。

· 倾听和理解：

当孩子面临挑战时，家长应倾听他们的想法和感受，理解他们对问题的看法，共同探讨解决方法。

举例

鼓励尝试新事物：

"不喜欢那就别浪费时间了。"

▼

"试试看吧，万一你可发现自己很擅长呢，试一试也能学到一些有趣的东西。"

庆祝每个小成就：

"你只是学到一点皮毛而已，别骄傲。"

"太好了，每一个进步都很重要，我为你感到骄傲。"

提供多样性经历：

"如果你不确定，就别浪费时间和钱了。"

▼

"那就试试看吧，尝试新事物总是好的，你可能会发现自己很喜欢。"

积极反馈：

"看来篮球不适合你。"

▼

"我看到你投篮时很专注，可以再试试，慢慢你会越来越好的。"

倾听和理解：

"没有把握就不要参加这个竞赛了。"

▼

"你想参加数学竞赛很好啊，这是个很好的挑战，妈妈支持你！我们可以一起梳理还有哪些题不太明白。"

如何引导孩子尝试新事物

　　培养孩子的观察能力是帮助他们开启探索世界之门的关键。通过激发他们的好奇心和探索精神，我们不仅让孩子们对周围的世界保持一份新鲜感和兴趣，还能帮助他们培养终身学习的能力。这个过程需要我们家长的耐心、理解以及与孩子之间坚固的信任和有效的沟通。

方法

· 引导发现：

　　通过提问和引导，帮助孩子注意到周围的细节，激发他们的好奇心。

· 共同探索：

　　与孩子一起参与活动，共同探索和学习新事物。

· 鼓励提问：

　　鼓励孩子提出问题，并一起寻找答案。

· 观察日记：

　　鼓励孩子记录所见所感，培养他们的观察力和反思能力。

· 创意激发：

　　通过有趣的实验和创意活动，激发孩子的探索欲望。

角色扮演学习同理心：

"这棵树有什么好看的，很普通啊。"

▼

"你看这棵树上有什么？观察一下。"

共同探索：

"有什么好看的啊，星星一直都在天上。"

▼

"既然你这么感兴趣，那我们去图书馆找一找关于星星的书，一定有你喜欢的内容。"

鼓励提问：

"天空本来就是蓝色啊，没有为什么。"

▼

"这是个好问题，你可以上网查查看为什么天空是蓝色，找出答案。"

互换身份：

"哦，就是一只鸟而已。"

▼

"真的吗？你可以在日记里写下来，描述它长什么样子，找出它是什么鸟。"

反馈与讨论：

"游戏结束了，收收心，快去做作业吧。"

▼

"游戏做得很好。有没有哪个瞬间让你特别感同身受？"

如何引导孩子应对挑战，培养解决问题的能力

孩子在成长过程中总会遇到各种小挑战。家长可以教会孩子勇敢地面对挑战，解决问题。通过你的帮助和支持，通过你的耐心引导和深刻理解，让孩子学会每次面对困难时自己解决问题，而这个过程也能增进你与孩子之间的信任。

方法

· **探索问题原因：**

帮助孩子了解问题的根本原因，培养他们分析问题的能力。

· **鼓励自主寻找解决方案：**

鼓励孩子自己思考问题的解决方案，增强他们的自主性和创造力。

· **共同讨论问题：**

与孩子一起讨论问题，共同寻找可能的解决方法，增强孩子的参与感，锻炼孩子解决问题的能力。

· **实践和尝试：**

鼓励孩子实际操作，通过尝试不同的方法找到解决问题的途径。

· **解决问题：**

教会孩子如何与那些排斥他的同龄人进行交流。

探索问题原因：

"你太小了，还不会养花。"

▼

"养花没有那么简单，但我们可以慢慢学习。"

鼓励自行解决问题：

"老是出错那是因为你做得太少。"

▼

"你觉得是什么导致了这些错误？你可以试着分析一下，看看你自己能不能找到解决的方法。"

共同讨论问题：

"这个海报有点复杂，还是我来帮你做吧。"

▼

"这是个有趣的挑战。我们一起讨论一下怎么做会又快又好看，比如说用什么工具，做多大的尺寸。"

鼓励实践和尝试：

"现在你太小了，先用辅助轮骑自行车吧。"

▼

"骑自行车刚开始确实有点难，不过别担心。可以多练练，慢慢你就能掌握平衡了。"

肯定付出的努力：

"你本来就应该解决这道题，又不难！"

▼

"太棒了，这道题有点难度哦，看来你的努力没有白费，很有创造性思维，你是怎么想出解决方法的？"

如何通过肯定习以为常的行为，培养孩子的自我认同

在日常生活中，家长的每个动作和话语都能深深触动孩子的心。鼓励不仅仅体现在赞美的话语上，更在于我们与孩子的互动和理解。通过换位思考，用眼睛去看，用耳朵去听，用心去感受。在日常生活的每个小环节，都是鼓励的机会。一句"你做得很好"，一个温暖的眼神，甚至是一个简单的点头，都能成为孩子自信和自我认同感的源泉。

方法

·积极的言语鼓励：

使用积极、具体的言语来鼓励孩子，如赞扬他们的努力和进步。

·表扬具体行为：

注意并表扬孩子的具体行为，如自主完成任务或表现出良好行为。

·肯定孩子的感受：

听取并肯定孩子的感受和想法，使他们感到被理解和尊重。

·肢体语言的支持：

使用肢体语言，如拥抱、点头，来表达对孩子的支持和鼓励。

·行为上的正面反馈：

通过具体的行为，比如及时回应孩子的好习惯，向孩子表示肯定。

积极的鼓励语言：

"怎么吃这么慢？"

▼

"今天鸡蛋和牛奶都吃完了，真棒！妈妈很开心！"

表扬具体行为：

"终于整理干净了。"

▼

"你把玩具都整理好了，真是个爱整洁的孩子！"

肯定孩子的感受：

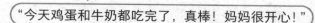

"在班上跳一下不叫本事，在全校同学面前跳那才叫厉害。"

▼

"真的吗？听起来你在班上跳这个舞跳得很棒哦，大家都为你鼓掌了，你也很开心吧，快和我分享一下过程。"

肢体语言的支持：

"知道了。"（点头）

▼

"我为你感到骄傲，继续加油！"（一个紧紧的拥抱）

正面肯定：

"总算记得把毛巾搭好了。"

▼

"谢谢你毛巾搭好了，帮了妈妈的忙，真棒！"

第 6 章
家长的加油站

作为家长，在带娃这条路上也能成长并自我提升。育儿有时挺有挑战的，但同时，它也给了你自我提升的好机会。通过审视自己的育儿方式，学习新的方法，你不仅能让育儿变得更轻松，也能让自己变得更加出色。保持乐观，好好处理自己的情绪。希望这些小小的建议，能帮助你在和孩子一起成长的路上找到更多的快乐和满足。毕竟，育儿虽然忙碌，但也可以充满乐趣！

告别焦虑
做心灵平静且自信的家长

家长不可能时时刻刻都保持完美的平和。有时候，你可能会发现自己对孩子稍微有些发脾气，这很可能是因为你心里有些不舒服。你的情绪，特别容易影响到孩子，孩子可能会像是情绪的传声筒。

所以，重要的是先给自己来个时间暂停，好好整理一下自己的情绪。只有心情调整到最佳状态，你才能更好地陪伴和指导孩子。放下育儿的重担，找回内心的宁静和自信。用一颗积极向上的心，去珍爱和呵护孩子，同时也别忘了爱护自己。

✖ 拥抱情绪，温柔育儿

在育儿的过程中，家长们经常会经历各种焦虑的情绪。这些焦虑可能源于对孩子未来的担忧、对自己育儿技能的怀疑，或者是日常生活中的压力和疲劳。

面对这些情绪，首先要认识到，感到焦虑是完全正常的，它是父母关心孩子的直接表现。

要拥抱这些情绪，首先需要接受它们的存在。不要试图压制或忽视这些感觉，而是要正视它们。然后，试着从更加客观的角度来看待这些情绪。例如，当你因为孩子的某个行为感到焦虑时，问问自己，这是否真的是一个大问题，还是只是暂时的、小问题？这种反思有助于减轻焦虑感。

✦ 给意识到这一点的自己一个鼓励

当你意识到自己正经历焦虑时，给自己一些积极的肯定和鼓励。

如果你有这样的焦虑：

 "最近总是对孩子发火，我知道这样很不好吗？"

 "发火之后又后悔，讨厌控制不了脾气的自己。"

不如这样对自己说：

 "这种情况很常见，我并不是一个人。"

 "没关系的，每个家长都会有这样的时刻。"

 "休息一下也是必要的。"

 "我已经在做得很好了，也该给自己一点休息的时间。"

这样的自我鼓励不仅能帮助你缓解压力，还能提升你的情绪，使你以更积极的态度面对育儿挑战。

当家长的心理状态变得更加积极和健康时，这种正面的影响也会传递给孩子。通过照顾好自己的情绪，你也在为孩子营造一个更加温暖和支持的成长环境。

用 有效沟通
化解与长辈的小"矛盾"

在不少家庭，尤其是三代共育的家庭，家长与长辈之间时常会因为孩子的教育方式或日常抚养出现一些"小矛盾"。

比如，长辈可能坚持传统的教育方法，而家长则可能倾向于现代的育儿观念。这些矛盾，如果不妥善处理，可能会造成家庭的紧张气氛。关键在于如何通过有效沟通，理解彼此的观点，找到一个双方都能接受的平衡点。

✦ 理解与尊重

你可以尝试理解长辈的观点和担忧。他们的意见往往基于过去的经验和对孩子的深切关爱。表达对他们观点的尊重，即使你不完全同意。

有一位妈妈曾对我说过，她和长辈在孩子的饮食习惯上有不同的看法。长辈坚持认为孩子应该吃更多传统食物，而家长希望孩子尝试更多样的健康食物。

"孩子每天早餐就吃包子、馒头配豆浆，太单调了。现在大家都说牛奶、鸡蛋更健康。"

我建议这位妈妈可以这样沟通：

"我懂您觉得中餐对孩子好，但加点牛奶、鸡蛋，或者水果沙拉怎么样？这样孩子的饮食更均衡。"

通过理解和尊重长辈的观点，并提出合理的建议，可以有效地化解育儿过程中的矛盾，促进家庭和谐。

✦ 清晰而平和地沟通

在和长辈讨论育儿观念时，注意保持语气平和，清晰地表达你的立场和理由。尽量避免指责或情绪化的言语，这可能会加剧矛盾。

就比如，你与长辈在孩子的作业完成时间上常有分歧，长辈倾向于让孩子多放松，不要一回家做作业，先玩一会儿看会儿电视，吃了晚饭再做作业也不迟；而你认为规律和纪律在学习中非常重要，主张孩子回家应该稍微休息一下就完成作业。

这样说也许会加剧矛盾：

"你不要老是宠着他，这样孩子怎么能有效率？他们必须先完成作业！"

不如这么说：

"我懂您想让孩子轻松些，我也是。咱们是不是可以让孩子先休息10分钟，做完一半作业后休息了再继续？这样既能学习，又不累。"

这种表达方式既体现了对长辈关心孩子的尊重，同时也提出了一个既能满足孩子休息需求又能培养好习惯的平衡方案。试着从他们的角度看问题，这样沟通起来会更顺畅。找到一个你们都能接受的点，这样不仅能让家庭气氛更融洽，还能给孩子展示怎样尊重和倾听。

这不仅是为了解决现在的小问题，更是在给孩子树立一个学习沟通和尊重的榜样。毕竟，家庭和谐，孩子才会更快乐和健康地成长。

理解并接受
成长路上的小"瑕疵"

在带娃这条路上，你有时候可能会对孩子小发脾气，或者变得唠叨，有时候甚至会感到有点焦躁。没关系，这些都很正常，谁都不是生来就完美的家长。所以，别太自责了。这些小瑕疵，其实也是我们成长的一部分。重要的是意识到这一点，只要能够正视自己的小瑕疵，就值得给自己一个鼓励的大拇指。学会接受自己，不要太严格要求自己。带孩子，最重要的是用心，而不是追求完美。放松点，享受和孩子在一起的时光，一起慢慢变得更好。

✦ 接受不完美

有时候孩子做事拖拖拉拉，你可能会着急。别太担心，每个孩子速度都不同。有些孩子可能需要更多的时间去理解和完成任务，这不是他们的错。而我们要做的，是跟着孩子的步调，用鼓励的语言引导孩子，如此而已。

同时，也请多给自己一些鼓励，不要总是想着：

 "我为什么这么没耐心？我真的是个糟糕的家长。"

可以这么鼓励自己：

 "这次比上次做的好，变得更有耐心了。"

"别担心，每个小孩都不同，慢一点也没关系。能认识到这点的我也很棒！"

接受自己，学会接受自己的不完美，是我们成为更好家长的关键一步。家长的内心明亮起来，就能更好地爱护自己的孩子。

✦ 理解情感的波动

育儿之路并不总是一帆风顺的。心怀压力和期望，会影响到你的情绪状态。有时候，你可能会感到疲惫、沮丧，甚至对孩子的某些行为感到困惑或失落。这些情感波动是完全正常的，不必因此质疑自己的育儿能力。当你情绪低落的时候，不妨给自己一些空间和时间，给自己一些积极的肯定。

比如，有一天你因为孩子在公共场合大声哭闹感到尴尬和焦虑，不要一味地责备自己：

"我真是个失败的家长，我都控制不了自己的孩子。"

可以这么鼓励自己：

"哎，孩子在外面闹脾气，这种事谁家没遇到过呢。我已经在尽力了，下次可以尝试不同的方法来应对。"

面对和处理情感波动，也是我们作为家长成长的一部分。通过这种自我理解和接纳，我们不仅能更好地照顾自己，也能以更健康的心态去支持和引导我们的孩子。

找到自我成长
与教育的平衡

育儿之旅虽然充满挑战，但它也是一段美好的成长过程。在照顾孩子的同时，别忘了也照顾好自己，找到那个平衡点。这样做，不仅有助于你自己的成长，还能让你成为孩子更好的榜样。

✦ 留出时间自省

即使日子再忙，留出一点时间来自省也是很重要的。每周找点时间，坐下来回顾一下自己的成长目标和育儿方法。这不仅能帮你看到自己的成长和进步，还能让你更有意识地投入到育儿这个过程中去。

也许你会觉得没有时间：

 "我哪有时间想我自己的事啊，整天都围着孩子转。"

试着这么对自己说：

 "虽然我挺忙的，但我得挤出时间来想想自己，做做计划。这对我自己和孩子都有好处。"

家长需要意识到自我省察的重要性，应当尝试在忙碌中完成自我的成长和平衡。

✖ 保留个人空间

除了照顾孩子，别忘了也关照自己的爱好和兴趣。不论是静下心来阅读一本好书，在运动中找到乐趣，还是沉浸在任何其他你喜爱的活动中，这些都是属于你自己的宝贵时光。

它们不仅是你个人成长的重要组成部分，也是给你带来放松和愉悦的源泉。这样的时刻能给你带来内心的平静和满足感，帮助你以更加积极和充满活力的状态回归育儿。

如果你感到每天的时间都被孩子占满了：

 "我现在连画画的时间都没有了，自从有了孩子，我的画笔都快发霉了。"

可以这么鼓励自己：

 "虽然现在带孩子很忙，但我还是要找时间继续我的绘画。这能让我感觉内心的放松。"

记得给自己留些时间，做你热爱的事，这样的空间对你和你的孩子都是宝贵的。

✖ 关注自我成长

在育儿这段旅程中，别忘了也要关照自己的情绪和需求，这对于保持积极和健康的育儿态度至关重要。当你感觉到疲惫或遇到挫折时，小憩一会儿，做些能让你放松的事情，给自己一点爱和关怀，就像你对待孩子那样。你的幸福和健康对孩子来说也是非常重要的。

从挫折中
恢复和成长

育儿过程中的挫折是每个家长都会遇到的。这些挑战可能让我们感到沮丧或不安，但它们也是成长和学习的机会。记得和自己对话，倾听自己的内心。无论你的感受是快乐、悲伤还是疲惫，都是宝贵的，因为它们是你内心的真实声音。

找个朋友、家人，或者只是写下自己的感受，释放这些情绪，让自己感到轻松。在育儿的道路上，我们都在学习，都在成长。让自己的心保持开放，接受这个过程的美好和不完美，你会发现自己变得更加坚强和富有爱心。毕竟，快乐的家长能培养出快乐的孩子。

所以，放轻松，给自己一点时间，让自己开心起来。

✭ 合理设定期望

为什么有时候会失望？也许，是你的预设期待太高。设定合理的期望是非常重要的。不用只盯着结果，更要欣赏过程中孩子的每一点努力。

这种做法不仅能帮你减轻压力，也能帮你更加客观和欣赏地看待孩子的成长和进步。放轻松一点，欣赏每一个小步伐。孩子的每一点进步都值得庆祝，你们一起迈出的每一步都值得珍惜。这样的态度不仅给孩子带来正面的鼓励，也能让你以更愉快的心情享受育儿的每一刻。

如果觉得很沮丧：

 "为什么我的孩子就做不对呢？我是不是做得不够好？"

试着这么对自己说：

 "每个孩子的成长都不一样。我要看看我孩子的努力和进步，而不是只看结果。"

✦ 为每一个进步鼓掌

当看到别人的孩子似乎做得更好时，挫折感会油然而生。但其实，你可以更多地专注于自己的成长和进步。每一次育儿的尝试，无论结果如何，都是你成为更好家长的一步。

无论是从一次不那么完美的亲子互动中学到了什么，还是找到了应对日常挑战的新方法，这些都是值得庆祝的进步。所以，多肯定自己，多给自己小小的进步一点赞美。

如果你这么想：

 "这都是我的错，我没有帮孩子准备得足够好。"

不如试着这么想：

 "虽然这次的结果不是最好的，但我们一起努力了，这就很重要。"

掌握情绪管理，
享受孩子成长的过程

学会管理自己的情绪是享受育儿过程的关键。当家长能够有效地处理自己的情绪时，不仅能更好地应对育儿中的挑战，还能更加欣赏与孩子相处的每一刻。这不仅对孩子有益，也能让你的育儿过程变得更加轻松和愉快。

✦ 情绪与育儿

在育儿过程中，学会识别和表达自己的情绪对于构建积极的家庭环境至关重要。当你理解自己的情绪时，你不仅能更好地控制反应，还能更有效地与孩子沟通。

例如，如果你感到沮丧或愤怒，识别这些情绪并通过健康的方式如进行冥想、瑜伽或写作来表达和处理，可以帮助你恢复平静。

这样，你就能以更清晰的头脑和更平和的心态来面对育儿中的挑战，从而提升整个家庭的幸福感。掌握情绪管理技巧不仅能帮助你个人成长，也能让你更加享受与孩子共度的时光，共同建立起更和谐的亲子关系。

如果觉得情绪不佳：

 "我今天又因为孩子的淘气大发脾气了，我真是不会管教孩子。"

试着这么对自己说：

"生气很正常，不过我需要先冷静下来，再找个健康的方式来处理这种情绪，比如去买个东西，再和孩子谈谈。"

✦ 培养积极心态

遇到育儿挑战时，尝试用积极的角度看问题。例如，如果孩子做错了事，不要立即想到惩罚，而是考虑这是一个教育的机会。这种积极思维能帮助你更平和地应对育儿中的难题，享受教育和成长的过程。

"育儿真难，我怎么总觉得自己做得不够好呢？"

试着这么对自己说：

"这次的挑战其实是帮我成长的机会，我可以从中学到更多。我在成为更好的家长。"

在育儿这条路上，我们都在一步步地学习和成长。遇到挑战时，用一颗平和和乐观的心来看待，把每个困难都视为成长的机会。

我们不是完美的，但正是这些经历让我们变得更加坚强和富有爱心。所以，放轻松，用心感受和孩子一起的每一刻，珍惜这趟旅程的每一步。我们一起努力，一起成长，在育儿的道路上寻找快乐和满足。

结束语

　　在这本书的最后，我想告诉每一位阅读这本书的家长。如果你读完后觉得，"这些话我好像说不出口"，或者"这样说真的有效果吗？"请放心，你并不孤单。这本书仅仅是一个开始，一个指引你向更积极育儿方式迈进的起点。每个家庭都是独特的，每个孩子都是特别的，所以适合别人的方法未必完全适合你，重要的是找到适合你和你的家庭的方式。放松心态，慢慢实践。育儿没有所谓的完美答案，它更像是一场与孩子共同成长的旅程。

　　试着将问题简化，不必拘泥于具体的方法或形式。最重要的是能够给予孩子爱和鼓励。记得在鼓励孩子的同时，也给自己一些正能量和支持。本书中的沟通示例只是一种启发，实际生活中，希望大家能在各种情况下灵活地运用它们。

　　在育儿的道路上，我们会经历各种各样的情绪。有时候是快乐和欣慰，有时候可能是疑惑和焦虑。在这种时刻，请一定要充分地鼓励和安慰自己，告诉自己："一切都会好起来的。"然后深呼吸，放松身心。每个挑战都是成长的机会，每一次尝试都值得称赞。

无论大人还是孩子，我们都具有学习和成长的能力。相信孩子内在的力量，无论何时都告诉他们："爸爸妈妈是你最好的伙伴，会一直支持你！"这样，孩子天生的潜能就会得到发挥和成长。

　　孩子们的感知力远超我们的想象，他们能迅速捕捉到家长的情绪变化。当你展现出真诚的鼓励和支持时，孩子们能深刻感受到这份爱和信任。这种感知不仅影响他们的自信和成长，也加深了你们之间的纽带。要知道，孩子远比你想象的还要更爱你，更能感受到你的爱。所以，如果你真心希望激励和支持你的孩子，愿这本书成为你在这一旅程上的指南和工具。

　　在这个共同成长的过程中，家长也在不断学习和进步。每一次的沟通，每一次的互动，都是你与孩子共同成长的机会。希望这本书旨在帮助你找到那种能使家庭生活更和谐、更充满爱的沟通方式。

　　一起前进吧，一步步地，享受美妙的育儿旅程。